重開機

王國華／編著

目次

【序】——每天都要練習「看自己」

現在有兩扇門，一扇是白色的，另外一扇是黑色的，如果有人告訴我們，打開白色的門，可以得到想得到的東西，打開黑色的門，就會失去想得到的東西⋯相信所有人都會不假思索地打開白色的門⋯

但是如果這個人接著再告訴我們，那扇會失去一切的「黑色門」，是通往天堂⋯另外一扇會得到一切的「白色門」，則是通往地獄⋯那麼我們應該都會立刻將原本決定打開的白色門，改成黑色門⋯但是我們是否曾經想過，到底是什麼原因，可以讓我們在一分鐘前，決定打開「白色的門」，但在一分鐘後，卻又立即改變決定，打開「黑色的門」呢？

答案很簡單，那就是會讓我們瞬間「見異思遷」的原因，都是因為潛藏於內在的「貪、嗔、癡」在作祟⋯

根據醫學報導，每個人的體內，都存在著不足以影響身體健康的「癌細胞」，亦就是當我們體內的「癌細胞」小於「好細胞」，就健康無事，但如果體內的「癌細胞」大於「好細胞」，甚至大到開始聚集在一起（成為電腦斷層檢查出來的「黑色區塊」），就會被醫生宣佈罹患癌症，相同的道理，潛藏在每個人心靈深處的「貪、嗔、癡」，其實就是我們的「心靈癌細胞」，如果不想讓自己罹患「心靈癌症」，就必須學習如何不讓內在「貪、嗔、癡」的「心靈癌細胞」大於心中「正念、善念」的「心靈好細胞」。

然而，不讓自己罹患「心靈癌症」的最好方法，就是每天用「內觀」（練習從內在看自己）的方式，來定時清除自己「心田」的「雜草」，如此一來，才不會讓原本屬於「心田」的「養份」被「貪、嗔、癡」的「雜草」吸收，進而造成「貪、嗔、癡」的「心靈癌細胞」大於「正念、善念」

所構成「心靈好細胞」的壞果。

本書就是想教你如何透過從心靈「內太空」練習「看自己」來預防「心癌」的「心靈處方箋」，書中的八十八種練習，都已經用淺顯易懂的文字敘述，取代原本只有修習過「內觀課程」的佛教徒，才看得懂的艱深佛義，是一本即便不是佛教徒，也絕對看得懂的「淡樂活法書」。

心理の game

你知道自己的「心靈生肖」嗎

每個人一生下來，都知道自己的年齡生肖，但是可能直到百年之後，都還不知道自己的「心靈生肖」⋯

然而，我們可以透過從自己「心靈內太空」的五面「鏡子」來看看自己的「心靈生肖」，到底是屬「老虎」？「老鷹」？「老狐狸」？還是「老鼠」？

【看見自己】的五面鏡子

〔第1面鏡子〕

目擊車禍現場

如果你開車（或騎車）在路上看到發生車禍，你會怎麼做？

a.立刻下車，加入搶救車禍傷患的行列。

b.坐在車上打電話叫救護車。

c.站在路邊觀望。

d.馬上掉頭離開車禍現場。

〔第2面鏡子〕

超商偷竊事件

如果你在超商看到有人偷東西，你會怎麼做？

a.當場將小偷抓起來，交給超商店員。

b.不動聲色地向超商店員告知。

c. 裝做沒有看到。

d. 小偷離開超商後，再向店員告知。

〔第 3 面鏡子〕

意外樂透

如果你在捷運上撿到一張當期中頭獎的樂透彩券，你會怎麼做？

a. 暫時不去銀行將頭獎獎金領出，先觀望一段時間。

b. 去銀行將頭獎獎金領出，然後捐出一半做公益。

c. 馬上交到警察局，失物招領。

d. 去銀行將頭獎獎金領出，據為己有。

〔第 4 面鏡子〕

撞見男友（或女友）外遇

如果你在路上，無意間看到男友（或女友）摟著小三逛街，你會怎麼做？

a.立刻衝到男友（或女友）的前面，當場賞他（或她）一巴掌。

b.拿出照相手機，暗地將男友（或女友）摟著小三的畫面拍下來。

c.衝到男友（或女友）的前面，要求解釋是怎麼回事。

d.裝做沒看到，默默離開現場。

〔第5面鏡子〕

目睹同事被陷害

如果你在辦公室看到同事暗地陷害你最討厭的同事，你會怎麼做？

a.事不關己，裝做什麼都不知道。

b.暗地留紙條，提醒那位最討厭的同事。

c.馬上去跟那位最討厭的同事，口頭告知。

d.抱著幸災樂禍的心態，準備看好戲。

自我評分表

題號＼選項	a	b	c	d
1	5	3	2	1
2	3	5	1	2
3	2	3	5	1
4	2	5	3	1
5	1	3	5	2

得分參考

【21分～25分】

你的「心靈生肖」是一頭遇事「義無反顧」，內心充滿正義感的「老虎」。

你認為社會必須具備公平正義，當你看到不公不義的事情，你會義無反顧、且不計個人利害地挺身而出，但有時候卻會因為太「義無反顧」，缺少「防人」的心機，反而遭到小人的暗算，讓自己受到傷害。

本書不僅可以讓你看見內心那個充滿「正義感」的「自己」，而且，還能提醒你如何在踢爆不公不義的事情之餘，必須懂得「保護自己」。

【16分～20分】

你的「心靈生肖」，是一隻在高處盤旋，伺機而動的「老鷹」。

你雖然也認為社會必須具備公平正義，但是當你看到不公不義的事情，會先站在高處觀察整件事情的輪廓，然後，在找到一個對整件事情最有利的解決時機，再出手，因此，雖然你的這種「伺機而動」的行為，比較不會讓自己受到傷害，但卻會讓你跟「權謀」畫上等號。

本書可以讓你看見內心充滿「正義感」卻不得不具備些許「權謀」的「自己」，而且，同時也可以讓你看見自己「投機」的個性。

【11分～15分】

你的「心靈生肖」，是一隻做人圓滑、做事狡猾的「老狐狸」。

你也認為社會必須具備公平正義，但是當你看到不公不義的事情，你會先站在利己的角度，衡量整件事情的利弊得失，再找一個對自己最有利的時機出手，但是，你厲害的地方，就是雖然所做的每件事情，都是為了自己，但卻會讓別人以為你所做的每個決定，都是為了他們。

本書可以讓你看見內心那個處處為了己利算計的自己，同時也讓你更清楚地了解那個既圓滑又狡猾的「自己」。

【5分～10分】

你的「心靈生肖」，是一隻處事謹慎、明哲保身的「老鼠」。

雖然你也認為社會必須具備公平正義，但是當你看到不公不義的事情，你為了力求謹慎，通常會先採取暫時觀望的態度，但當你發現挺身而出，會讓自己惹禍上身的時候，你會選擇默默離開事發的現場，而且，你會認為並非不是自己不想出手幫忙，而是，一旦出手，可能不僅沒能解決事情，有時候，搞不好還會讓自己「公親變事主」。

本書可以讓你看見內心那個事事為力求謹慎，因此，遲遲沒有勇氣踏出第一步的「自己」，同時也讓你更清楚那個怕事、怕麻煩，寧願選擇明哲保身的「自己」。

練習看自己

1

「念頭」是所有事情的「源頭」

越來越不認識鏡子裡面的自己

有句話說：「當我們越來越不認識鏡子裡面的自己時，才是真正認識自己的開始。」因為，我們開始懂得用「修習內觀」去發現那個潛藏在內心深處、已經好久不見的「自己」。

你可能會問，什麼叫做「修習內觀」？簡單的說，就是練習從心靈的「內太空」來「看自己」，以便能正確瞭解在自身所發生的各種「心理反應」。但是，不見得每個人都能正確地接收身心從「內太空」所發出的訊號，因此，練習如何從內在來「看自己」就變得非常重要。

那到底要怎麼從內在來練習「看自己」？首先必須先搞清楚內心那個

「自己」長什麼「模樣」？我們到底要從心靈「內太空」練習看什麼？其實，在佛教的「內觀修習」已經清楚地告訴我們，發生在身上的所有身心現象，都可以從每當「看到」、「聽到」、「聞到」、「嚐到」、「觸到」以及「想到」的那一瞬間，用自己的觀察力來感覺它們的存在，例如當你「看到」心儀或暗戀的男友或女友，出現在自己面前，內心就會產生怦然心動的心理現象，然而，你用心去感覺的這個「怦然心動」，就是在這個當下，你要從內在練習看的那個「自己」，換言之，從內在練習看的「自己」，並不是有形相的實體，而是一種內在因為受到外界影響，所產生的心識或情緒的反應，因此，我們準備從內在練習看的「自己」，有可能是快樂，痛苦、期待、恐懼、懦弱、無奈…等等。

然而，每當我們練習看著那些出現在內在的「自己」時，除了用心感受它們的存在外，還必須像你在推特或微博的社群網站，關注「好友」一樣，不能只是表面關注，而是必須對你所關注的那個內在「自己」，留言或回應，而這也就是佛教「內觀修習」所說的注意或標記。

但由於初學者缺乏定力，還無法練習到關注每個發生在身心的「現象」，所以，必須先從注意那些顯著和易於觀察的「現象」開始做起。

淡樂 看自己

當我們越來越不認識鏡子裡面的自己時，才是真正認識自己的開始。」因為，我們開始懂得用「修習內觀」去發現那個潛藏在內心深處的自己。

注意你的呼吸

你有多久沒有注意自己的「呼吸」？如果有人突然向你問起這個問題，你一定會感到莫名其妙，心想「呼吸」與生俱來，有什麼好注意的？其實，這是一般人都會有的「正常反應」，因為，都把「呼吸」當做太過於「理所當然」，因此，也就很容易忽略它的存在。

然而，「呼吸」雖然是「與生俱來」，但它卻不是「理所當然」，我們如果有曾經到醫院加護病房去探過病的經驗，相信一定都會對躺在加護病房病床上的病人，臉上戴著「氧氣罩」的情景印象深刻吧！而這些病人為何必須戴「氧氣罩」？答案當然是他們已經沒辦法靠自己呼吸，因此，才必須依靠「氧氣罩」來維持生命現象，而且，當長期戴著「氧氣罩」的病人脫離險境，準備將「氧氣罩」取下之前，加護病房的護理站，還會幫這個病人安排「練習呼吸」的課程。

由此可見，被一般人視為「理所當然」的「呼吸」，的確是需要「練習」的，那麼，到底要如何「練習呼吸」？首先必須先了解呼吸的原理；如果有人突然問起，當我們每次呼吸時，會發現自己的腹部上升及下降，那到底是吸氣時腹部會上升？還是呼氣時？相信鮮少有人可以在第一時間，回答出以上問題的正確答案。

如果正在看這本書的你，也答不出正確答案，不妨現在立即閉上眼睛，「用心」地呼吸一下，然後，你應該會發覺，當你吸氣時，腹部會上升，當你將氣呼出時，腹部便會下降。

接下來，要為大家介紹的「練習呼吸」，主要是一般禪修者練習如何正確注意自己呼吸的方法，亦就是吸氣時，腹部上升，內心要注意「上升」，呼氣時，腹部下降，內心要注意「下降」。如果，腹部上升或下降的感覺不明顯時，可以用手放在腹部來感覺，而不要因此就去刻意改變呼吸的頻率，而且，你可以試著讓自己保持自然呼吸，並且用心去感覺腹部的上升和下降，而不是用口念，因為，在內觀禪修中，名稱及所說的方法，並不重要，真正重要的是去知道，以及用心去覺察。

淡樂 看自己

當你吸氣時，腹部會上升，呼氣時，腹部便會下降，不要因腹部上升或下降感覺不明顯，就刻意改變呼吸的頻率…用心給予注意腹部上升和下降，而不是用口念。

「念頭」是所有事情的「源頭」

「心念」這個從內心所產生的「念頭」，可以說是發生在我們身上所有事情的「源頭」，因此，當「起心動念」之際，必須特別小心注意自己的「念頭」，可別讓不該起的念頭，成為造成我們所有煩惱的開頭。

然而，所有的「念頭」，其實就從每個人的「呼吸」之間開始生起，有時候，當我們在「呼吸」的同時，注意腹部的上升和下降，心可能會恍神，這時就可以在「內心」提醒自己剛才不小心「恍神」，如此，一、兩次後，這個「恍神」便會停止；相同的道裡，當我們感覺失落時，就提醒內在的自己正在「失落」，當自己想打電話給朋友，就提醒內在的自己想

「打電話」……然而，當我們提醒內在自己正在「恍神」、「失落」、「打電話」……的訊息時，其實，就是在注意腹部上升和下降之際，從內心所產生的念頭。

總之，如果有任何「念頭」產生時，都必須提醒內在自己去注意，並在內心做上標記。例如，如果你想去逛街、購物、看電影，就給予「逛街」、「購物」、「看電影」的標記；如果你計劃出國進修或旅行，就給予「進修」、「旅行」的標記；如果你感覺快樂、無聊、高興、氣餒，就對以上幾種「感覺」給予注意或標記……

或許，你會質問為何必須注意內心所起的每一個念頭，並且給予標記？因為，如果不對自己所起的念頭注意和標記，並提醒自己這些念頭只是一些思緒和心識活動，就會誤將這些念頭認同為「我」或「個人」的全部意識，因此，當你無法外出去逛街、購物、看電影，才會感到失落或沮喪，但實際上，並沒有這樣的「我」或「個人」的存在，你以為感到失落或沮喪的「我」或「個人」，只是那些持續不斷的「心識活動」所組合而成。

然而，誤將內心的一些「心識活動」當成「我」或「個人」，往往就是一般人為什麼動不動，就會因為一些不如意的事情感到痛苦的原因。

淡樂 看自己

如果不對自己所起的念頭注意和標記，並提醒自己這些念頭只是一些思緒和心識活動，就會誤將這些念頭認同為「我」或「個人」的全部意識，因此，當你無法外出去逛街、購物、看電影，才會感到失落或沮喪。

忍受自己身上的不悅感受

當我們的朋友，痛苦難過的時候，為了安慰朋友，通常會跟朋友說：「我可以充分瞭解你的感受……」但如果有人問起，「感受」到底是什麼東西？可能沒有幾個人，可以在第一時間，回答出肯定和明確答案。

如果有「坐禪」過的人，應該都會有一種共同的經驗，那就是坐著禪修一段長時間後，身體會有緊和熱以及疼痛和疲倦的感受……其實，上述這些「感受」，就是禪修的人必須去注意和忽略的痛苦或辛苦的感受。

因為，如果不懂得去注意，然後忽略這些感受，你會以為「我感到緊，我覺得熱，我感到疼痛；剛才我還好好的，現在我因為這些不快的感受而不舒服。」也就是你會將這些「感受」與「自我」劃上等號，但這其實是一個錯誤觀念。因為，實際上並沒有牽涉到「我」，充其量只有一個接一個不快的「感受」在持續發生，而這些不快的「感受」就像新而持續不斷的電流，通到代表我們身體的「電燈」。

每當身體有不悅的接觸時，就會有一個個痛苦的感受產生。然而，這些無論是緊、熱或是疼痛的感受，都要仔細地感覺和注意，然而，一般初學者開始練習時，這些感受會顯得較強烈，以致於經常打坐不到幾分鐘，就會有改變姿勢的欲望產生。

有人說：「『忍耐』可以達到停止一切煩惱與痛苦的境界！」這句話的意思主要是想告訴我們，禪修時必須要有耐心，因為如果不能忍受緊或熱等感受，因而經常移動或改變姿勢，內心就不可能產生寧靜，而心如果不能夠靜下來，自然就不可能獲得讓一切煩惱與痛苦止息的智慧，這也就是為何禪修時，需要忍耐身體上不悅，不能因為難以忍受緊、熱、或疼痛的感受，就立刻放棄禪修，或是改變禪修姿勢的原因。

值得一提的是，如果能耐心地注意讓自己感到不悅的感受，這些不悅的感受將會隨著注意力逐漸消失⋯譬如很多罹患癌症的人，在抗癌期間，會藉著禪修課程，練習將「注意力」擺在之前不敢面對的身體苦痛，進而在最後讓自己學會跟身體上的病痛和平共處⋯

淡樂 看自己

禪修時，需要忍耐身體上不悅，不能因為難以忍受緊、熱、或疼痛的感受，就立刻放棄禪修，或是改變禪修姿勢的原因。

該改變姿勢的時候，就改變姿勢

任何事「過與不及」都不好，做任何事情，不能墨守成規，一成不變，因此，如果在禪修的過程中，身上出現不悅的感受，注意了一段時間，仍沒有消失或已經無法忍受這個「感受」時，當然需要改變姿勢。

而當你已經無法忍受身上出現不悅的感受，準備向內心下達「改變姿勢」的指令時，必須掌握到一個原則，那就是要告訴自己必須「從心」輕柔地改變目前的姿勢，並且，在每改變一個姿勢之前，就提醒內在的自己準備改變什麼姿勢，然後，再「用心」地將目前的姿勢，改變成準備改變的那個姿勢。

一般的初學者，可能會認為改變姿勢就直接改變姿勢不就行了，為何要像當兵操課一樣「一個口令、一個動作」？因為，如果不在改變每一個姿勢前，向內心的自己下達指令，我們可能會因受到外界的干擾而分心，因而，無法心無旁騖的認真專注在自己準備改變的姿勢上面。

另外，禪修的過程，猶如努力不停地磨擦兩塊木頭，以獲得所需的熱力來生火，亦就是必須一個「注意」接續另一個「注意」，不論產生什麼現象，都應持續不斷地注意，當中不可間斷。

例如，如果真的癢到受不了的時候，想要抓癢，就必須同時注意這個癢的「感受」和抓癢的「欲望」，不可立刻為了要消除癢的感受，而直接抓癢，否則，「注意」就會中斷。

然而，如果你能持續地讓「注意」不中斷，便能用「注意」來轉移「癢的感受」，癢的感受就會逐漸地消失。但是，如果癢的感受，並沒有消失，當然可以用抓癢的動作來消除它，但是，在抓癢之前，還是必須「注意」這個抓癢的「欲望」，以便讓「注意」不會因此中斷⋯

總之，只有秉持著讓「注意」不中斷的原則，才能認真專注地做好在禪修中的每一個動作，也才能讓每個動作所積聚的動力，持續並逐步地成熟，進而發展成為禪修者的修行智慧。

淡樂 看自己

禪修的過程，猶如努力不停地磨擦兩塊木頭，以獲得所需的熱力來生火，亦就是必須一個「注意」接續另一個「注意」，不論產生什麼現象，都應持續不斷地注意，當中不可間斷。

眼睛所看到的
必須當做沒有看到

有位哲人說：「『掌握當下』其實沒什麼訣竅，首先你必須認真專注地做好當下正在做的每一件事。」因此，在坐禪的過程中，每次改變姿勢時，需先注意這個要改變的意念或欲望，接著再仔細的注意每一個動作，例如從坐姿起身、提起手、移動腳…每一種姿勢的改變，都需與注意之心一致。例如當身體向前搖動時，要注意它；準備起身時，也要注意它，亦就是將「心」注意於這些動作上，切勿身體做著「提起手」的動作，但心卻已想著準備「起身」的動作…

然而，一般健康的人起身容易，背痛的人，起身需緩慢，以減少背部的痛楚，然而，禪修者的舉止必須像一個背痛的人，在改變姿勢時，要緩慢而柔和，這樣才能從容地練習從內在來看自己。所以，開始時動作要輕柔、緩慢，起身時的動作，要猶如一個背痛的人，緩緩地將注意力專注於起身的每一個動作。

禪修者除了在改變姿勢時，必須像一個背痛的人，另外，在禪修的過程，對眼睛所看到的，試著當做沒有看到；對耳朵聽到的，試著當做沒有聽到，因為，在乎應該注意的，不必去理會所見或所聽的，可以幫助禪修者更能集中注意力去專注當下正在做的每個動作。因此，不論看到或聽到奇特的東西，都可以試著當做沒有看到或沒有聽到一樣……而且，話又說回來，在現實生活中，原本我們親眼看到的，不一定就是真相，親耳聽到的，亦不一定就是事實，所以根本就不需花費精神去應付……

如果在禪修的過程中，你可以達到「視而不見，充耳不聞」的境界，便可以心無旁騖地做著以下「練習看自己」的幾個基本動作：

一、當你坐著準備移動身體時，試著緩慢輕柔地移動手腳。

二、當從坐姿要起身時，試著像一個背痛的人，緩慢專注地站起身來。
三、當你緩緩起身，伸直身體時，可以試著提醒自己注意「站立」動作。
四、當你完成起身與站立動作，向四處觀看時，需用心地注意「觀看」。
五、當你準備走路時，試著注意步伐是左或是右，並感覺所有從「提腳」到「落足」的連續動作。

淡樂 看自己

對眼睛所看到的，試著當做沒有看到；對耳朵聽到的，試著當做沒有聽到，因為，在禪修的過程，只需在乎應該注意的，而不必去理會所見或所聽的……

「休息」是另一種更高層次的「修習」

老子說：「千里之行，始於足下。」根據統計，一般人平均一天走六千五百步，然而，每跨一步，腳底所受的衝擊大約是體重的1～2倍，因此，「走路」這種看似稀鬆尋常的事情，如果要認真追究起來，可是一點也不尋常；通常，在慢步走時或來回行走時，每個步伐中，必須注意「提足」、「往前移足」及「落腳」的三個階段，然而，這三個階段，首先必須從「提足」和「落腳」的動作開始「注意」，亦就是「提足」時，要好好感覺，「落腳」時，也必須用心去體會足部落地的那種感覺。

或許，有些讀者會認為如果在走每一步路的時候，都需注意「提足」

與「落腳」的動作，會不會太麻煩？說實在話，是有點麻煩，但是如果你真的想禪修，就必須能夠耐得住這種麻煩，更何況，只要你能確實地在走路時，注意每一步的「提起」及「落下」，經過大約兩天後，這種「注意」就會變得容易。

另外，如果走累時，想坐下就坐下，不必硬撐，但必須將注意力擺在「想坐下」的念頭上面，而且，在坐下的時候，試著去專注身體坐下時的感覺，以及注意安置手腳的動作，雖然這些提醒你要注意這個、注意那個，你可能會有點不耐煩，但為了讓「注意」不會中斷，你必須不厭其煩地在該「注意」的時候注意。

然而，如果做到以上所述的「注意」時，即便肢體上感覺到緊和熱的感受，也不必太在意，只需「用心」去注意緊和熱的感受之後，再回到身體靜止不動時，腹部「上升、下降」的「注意」。

如果在禪修中，生起躺下的欲望，千萬不能硬撐，就依照內心發出的指令躺下，唯需用心去注意它，並在躺下時，接著「注意」腳和手的一連串「躺下動作」。

最後當我們躺下時，亦需繼續給予「注意」，而不是立刻閉目休息，這是非常重要的，因為，在禪修的過程中，「休息」其實是另一種更高層次的「修習」，亦就是說，如果可以在這個躺下休息的過程中，確實「注意」該「注意」的東西，將可獲得讓我們開悟的體會和智慧。

淡樂看自己

在每個步伐中，必須注意「提足」、「往前移足」及「落腳」的三個階段，然而，這三個階段，首先必須從「提足」和「落腳」的動作開始注意⋯⋯

「注意」自己的每一個當下

「注意自己的每一個當下，讓自己的心靈就像廿四小時便利超商一樣全年無休，是禪修者必備的認知。」因此，禪修者即使已經躺下休息，也不能立刻閉上眼睛，進入夢鄉，而是要特別對「躺下」這個動作，給予該「注意」的「注意」，因為，釋迦牟尼的堂弟阿難尊者，就是在「躺下」的過程中，瞬間開悟。

阿難尊者又叫阿難陀，意為喜慶，相傳誕生在釋迦牟尼修行成道的時期，由於，阿難尊者平日精進於禪修，因此，想在第一次結集佛法的前夕開悟。他整晚透過練習「行禪」來觀看內在自己，他注意提起、前移、落下自己的步伐，注意一個接著一個現象的發生，以及注意走的欲望和走時身體的動作。雖然，他不停地練習直到將近凌晨，但還是無法成功獲得想獲得的禪修成果。

後來，他覺察到自己已經過度練習行禪，應該修習臥禪來平衡一下身心，因此，他就進入臥房，坐在床上，接著躺下，但當他在「躺下」的過程中，持續注意「躺下」這個動作時，奇妙的事情發生了，因為他在瞬間突然開悟。由此可知，禪修者只要持續不間斷地「注意」當下的每個「動作」，像上述阿難尊者，即刻瞬間開悟的結果，隨時都有可能出現，並不需花很長的時間。

然而，這就是為什麼禪修者，不僅不可放鬆每一刻的注意力，而且，更不能抱著「這一點點懈怠，不會有多大影響」的「得過且過」心態來修習，因此，即使時間已晚，到了睡眠時間，也不可急著進入夢鄉，而疏於應該「注意」的「注意」。

換句話說，一個認真的禪修者，就算在該睡覺的時候，也要抱著一種好似可以放棄睡眠似的態度來修行，如此一來，如果禪修進展的好，便不會入睡，即便昏沈想睡時，只需提醒自己注意「想睡」這個念頭，如此一來，昏沈可能會消失，原本眼皮沉重的眼睛就會變得「明亮」，這時，禪修者如果再接著注意「明亮」這個感覺，就會讓自己的禪修進入另一個層次。

淡樂 看自己

每一刻不僅不可放鬆注意力，更不能抱著「這一點點懈怠，不會有多大影響」的「得過且過」修習心態，即使到了睡眠時間，也不可立刻閉上眼睛休息，不再「注意」。

該吃飯睡覺的時候
就認真吃飯睡覺

「該吃飯就吃飯，該睡覺就睡覺。」這句話說起來簡單，但做起來卻一點也不容易，殊不見，有些人經常將早餐和午餐一起吃，將原本應該睡覺的時間，拿來到夜店或KTV去跟朋友狂歡，由此可見，該吃飯睡覺就吃飯睡覺，對於一般人來說，其實，是一件「知易行難」的事。

然而，跟著自己的「生理時鐘」做該做的事，乃是禪修者需備的認知，因此，在禪修的過程中，當真正的睡意侵入時，該休息，還是要試著休息，該入睡，還是要試著入睡。

其實，睡覺並非是一件難事，而是件容易的事。因此，如果躺著禪修，就會慢慢的感到昏沈欲睡。而這也就是為什麼初學者不可多修「臥禪」，需多修「坐禪」及「行禪」。但是，如果到了睡覺時間，還是需修「臥禪」，只不過在躺下時，需做好該注意的「注意」，然後，讓自己自然地入睡。

真正努力的禪修者，只有在睡覺時才休息，且需限制睡眠時間為四個小時，這是佛陀所訂的「子夜時間」，因為，只要用心認真的睡覺，四小時的睡眠，已經足夠。但如果初學者認為四個小時，對健康尚嫌不足，可延長到五或六個小時。然而，禪修者一睡醒，應立刻恢復注意；亦就是如果想從床上起身，需注意「想起床」這個念頭，接著順著這個念頭，繼續注意移動手和腳，以及起身的一切所有起床動作。

禪修者除了「注意」睡覺前後的每個過程，另外，進餐時，舉凡「伸手取食物、觸到食物、拿食物、把食物拿到口邊、低下頭並把食物放入口中、放下手臂、再抬頭」的這些動作，以及咀嚼食物，食物經過喉嚨和知道食物滋味時⋯等等一切的進食過程，亦都需試著給予「注意」。

其實，在進餐時要注意每個進餐的動作是比較困難的，初學者可能會有所遺漏，但需試著去緩緩注意一切進餐的動作，更何況，這些對進餐動作的「注意」，也可讓自己在進餐時，不會狼吞虎嚥。

此外，洗臉、洗澡、穿衣、整理床鋪、開門、關門…等等這些動作，也需給予注意，因為，這些動作比較快速，所以應儘可能用心去「注意」到所有該注意的動作。

淡樂看自己

跟著自己的「生理時鐘」做該做的事，乃是禪修者需備的認知，因此，在禪修的過程中，「該吃飯就吃飯，該睡覺就睡覺。」

2

你認為的「快樂」不是「真快樂」

時時「注意」皆領悟

有句話說：「處處留心皆學問。」相同的道理，我們也可以說：「在禪修的過程中，時時注意皆領悟。」

其實，在禪修過程，有很多東西需要去「注意」，當走得快時，就注意「右步、左步」；慢走時就注意「提起、落下」；當靜坐時、躺著時，如果沒有特別的東西可注意，就注意腹部的上升和下降，然而，這種「注意」就像一般男孩走在路上，看到身材曼妙的美眉，會不禁地去「注意」她玲瓏有致的身材一樣。

當禪修者逐漸懂得在禪修過程，時時「注意」，就能注意到越來越多現象的發生。或許，剛開始時，注意力可能無法集中，會東想西想，導致不能注意到許多東西，但是，不用太過於灰心和沮喪，因為，這是每位初學者都會遭遇到的相同困難，只要修習的時間久了，就能慢慢覺知到自己為何會「胡思亂想」？進而到達最後心中不再有妄念的境界。

然而，當禪修者到達上述境界時，心就會繫念於所注意的目標，而這時心中所想的就會和所注意的目標幾乎同步。或許，有些讀者會不以為然地問說：「想達到心中所想的和所注意的目標同步，有那麼困難嗎？」

嗯！真的很困難，殊不見，我們不就經常在注意台上人員演講的同時，內心卻想著待會聽完演講之後，到底要約朋友去看電影？還是唱KTV？我們不就經常在公司開會的時候，眼睛注意看著正在做會議結論的主管，內心卻想著中午到底要吃超商的便當？還是巷口的魯肉飯？

因此，想達到心中所想的和所注意的目標同步，對於目前這個競爭激烈的社會，習慣「一心兩用」甚至「一心多用」的人們，不僅困難，而且是相當困難。

因罹患大腸癌過世的屏風表演班創辦人李國修在生前，經常掛在嘴邊的一句座右銘就是：「人一輩子能做好一件事情，就是功德圓滿了。」然而，在此我想套李國修這句座右銘的邏輯，那就是在禪修的過程，心和注意力在一個時間，只要能同步注意好一件事情就已足夠，而這也就是從內在「練習看自己」的智慧開端。

淡樂看自己

「處處留心皆學問，時時注意皆領悟。」在禪修的過程，心和注意力在一個時間，只要能同步注意好一件事情，就已足夠。

世界上沒有
兩條相同的河流

哲學家赫拉克利特說：「人不可能兩次踏進同一條河流，因為，當人第二次踏進同一條河流時，河流中流的已經是新的水流，而不是第一次踏進時的原來水流。」赫拉克利特用非常簡單的話語，清楚地闡述「一切皆流，無物常住」以及「沒有什麼是絕對靜止的和永遠不會變化」的艱深哲理。

赫拉克利特的「人不可能兩次踏進同一條河流」的理論，跟「禪修」最後想達到的境界，有異曲同工之妙，其實，在禪修的過程中，如果懂得時時繼續「注意」的人，皆可親身體驗到「凡是生起的不久即滅去。」的禪理。

一般人經常以為身心現象二者，在一生是持續不變的，也就是從小到大都不會有改變，但實際上並非如此，因為，我們人體每天有成千上萬的細胞死亡，又有不可計數的細胞新生，因此，如果以細胞生滅的如此快速來論，今天的「我」跟昨天那個「我」，已經不是同一個「我」了。

由此可見，沒有現象是永恆不變的，就像世界上「沒有兩條相同的河流」一樣，所有的現象生滅得如此快，快到比一眨眼的時間還短。

正在禪修的人，只要持續的「注意」，就能明白這些，同時亦將會確信所有這些現象都是「無常」，因此，我們經常可以聽到一些已經悟道的人，會用「人生無常」來提醒還沒有開悟的凡夫俗子。

有人說：「不要感嘆人生無常，因為有時候，就是因為人生無常，所以才會更懂得去珍惜每一個當下，進而讓自己雖然短暫的人生，變得既精彩又美麗。」

然而，只要能夠進一步體會「人生無常」的深層涵義，這種「無常」

的智慧將引導在塵世修行的我們，進一步體驗到所有「無常」都是苦。因為，禪修者在禪修的過程中，可能會遭到多種身體上的「苦受」。

接著禪修者將確信這些「苦受」的身心現象是順著自然發生的，不依任何人的心願，也不受任何人的控制；它們不是「個人」或「自我」所構成的，而這種體認就是「無我」的智慧。

如果禪修者繼續修行，將會確實體驗到所有這些現象都是「無常」、「苦」和「無我」，並依照這種體會來滅除「我執」和對人生的疑惑，進而達到讓一切煩惱與痛苦止息的境界。

淡樂 看自己

沒有現象是永恆不變的，就像世界上「沒有兩條相同的河流」一樣，所有的現象生滅得如此快，快到比一眨眼的時間還短。

如何在「高鐵」內看清楚車窗外的沿途風景

某位哲人說：「蘋果與橘子雖然都是水果，但是蘋果終究不是橘子，橘子也不可能等於蘋果。」同樣的道裡，有的人以為「寂止」就是「內觀」，有些人甚至認為「內觀禪修」與「寂止禪修」並沒有什麼不同，但實際上，「寂止」與「內觀」真的可以畫上等號嗎？

然而，在回答上述這個問題之前，必須先搞清楚，什麼是「寂止」？什麼是「內觀」？只要搞清楚了，自然就會知道它們能不能畫上等號？

簡單的說，「寂止」就是把內心的雜念停止下來，讓內心長時間處於平靜而無雜念的的境界當中，「內觀」則是透過從心靈的「內太空」觀察自我，來洞察事物的實相，如果再說的簡單一點，「寂止」就是「停止」，「內觀」就是「思索」，因此，「寂止」與「內觀」是無法畫上等號的，但兩者卻存在著一種類似「針與線」、「門跟門」的彼此功能互補關係。

有人說：「在這個一切都講求快速的年代，往往無法看見當我們放慢腳步的時候，才能看見的人生風景。」因此，如果把「內在自我」比喻成一輛「高鐵」，坐在這輛「高鐵」裡面的我們，必須將「高鐵」的速度降低，甚至停止，才能確實看清楚車窗外的沿途風景，那些是房子？那些是樹木？那些是道路？

然而，將速度降低，甚至停止「高鐵」的動作，就是「寂止」，而確認車窗外沿途風景，是不是就是自己自以為的「東西」的動作就是「內觀」，換言之，想要從內在心靈來觀看自己之前，必須先將內心的雜念停止下來，如此一來，才能在沒有世俗煩惱、雜念的「內太空」看見真正的「自己」，由此可見，「寂止」雖然無法與「內觀」畫上等號，卻是在禪修的過程中，想要練習「看自己」（內觀）的首要關鍵。

有句話說：「我們的自以為是，通常會讓自己拒絕接受已經發生在眼前的事實。」其實，想要練習從內在「看自己」，除了要停止內心雜念的「寂止」，另外，還需透過消滅自以為是的執著，也就是佛教所說的「我執」開始做起，換句話說只要能夠在練習「看自己」的過程中，讓內在的「自己」不執著於原本執著的貪欲和成見，便能看清楚事物原本的實相。

淡樂 看自己

想要從內在心靈來觀看自己之前，必須先將內心的雜念停止下來，如此一來，才能在沒有世俗煩惱、雜念的「內太空」看見真正的「自己」。

何必到處找尋在身邊就可以找到的東西

有人說：「我們經常四處找尋，在自己身上就可以找到的東西，殊不見，有些人明明眼鏡就掛在頭上，卻還在房間翻箱倒櫃地尋找眼鏡。」其實，這是一般人都會有的盲點，就像一些沒有禪修過的人，不知道「色、受、想、行、識」的五蘊，其實是我們時時刻刻所體驗到的東西，不需到別處尋找，因為，它們就存在於你我的日常生活中。

也就是當我們看的時候，它們就在看的地方；當我們聽的時候，它們就在聽的地方；當我們嗅、嚐、觸或想的時候，它們就在嗅、嚐、觸、想的地方。換句話說，每當我們彎腰、伸展手臂或移動腳步時，五蘊就在彎腰、伸展手臂或移動腳步的地方，只是我們不知道它們就是五蘊，因此，才會以為它們高深、難懂，進而對它們產生抗拒，甚至是排斥的心理。

但是，如果知道「五蘊」就存在於每天所做的每個動作之中，應該就不會再像之前一樣，一看到「五蘊」就立刻望之卻步了。

譬如每個人每天都可能做的「彎腰動作」中，就存在著「色、受、想、行、識」的五蘊。例如我們心中生起的「彎腰念頭」當中，其實就具備「五蘊」當中的受、想、行、識，四種屬於心理的蘊。

簡單的說，這四種心理的蘊，包含在從內心開始生起「彎腰的念頭」一直到完成「彎腰的動作」的過程中，例如，當你看到地上有張鈔票，內心想著彎腰，並同時辨別彎腰是為了撿起地上鈔票的心理之後，接著開始促使你去完成彎腰這個動作，然後，在彎腰的過程中，你可能因為當時身體狀況，在彎下腰的時候，產生快樂、痛苦或不苦不樂的各種感受。

看懂了嗎？沒錯，以上所提及的「內心想著彎腰」就是「想蘊」；「辨別為何要彎腰」就是「識蘊」；「促使完成彎腰動作」就是「行蘊」；「彎腰所產生的感受」就是「受蘊」；而經由「彎腰念頭」所完成的「彎腰動作」由於是屬於物質的蘊，因此，就是「色蘊」。

綜合以上所述，「彎腰的念頭」加上「彎腰的動作」，便成為我們在誦讀《心經》時，都會讀到的色、受、想、行、識的「五蘊」了。

淡樂看自己

一些沒有禪修過的人，不知道「色、受、想、行、識」五蘊，其實，是我們時時刻刻所體驗到的東西，不需到別處尋找它們，它們就在我們的日常生活中。

你認為的「快樂」不是「真快樂」

愛因斯坦曾說：「過去、現在與未來同時存在。」因此，每當我們想著「我要彎腰」和「我在走路」，便會在內心深處暗想著：「這是『我』要彎腰，這是『我』在走路…而這個『我』以前存在、現在存在、將來也存在…」

但卻鮮少有人會想：「愛因斯坦所說同時存在的『過去』、『現在』與『未來』，其實都是『現在』，原因是『過去』是上一秒的『現在』，而『未來』則是下一秒的『現在』，因此，前述這個彎腰或走路的念頭，應該只存在於『現在』。」

因為，一般人總是會理所當然地認為：「以前存在的同一個『我』現在正想著彎腰……而現在這個正想著彎腰的『我』，未來也將繼續存在著。」但卻從不曾去思索過在這一秒過完之後，現在正在彎腰的「我」便已經滅去了……因為，生物學家證明，我們人體每分每秒都有成千上萬細胞在生滅，因此，昨天的身體細胞和今天的身體細胞，其實是完全不一樣的兩批細胞，因此，以前彎腰的「我」怎會等於現在正在彎腰的「我」？現在正在看這本書的這個「你」，又怎麼可能會等於之前在書店購買這本書的那個「你」呢？

其實，除了上述的「盲點」外，一般人還會將在自己想做的事或內心所欲的願望，在如願完成時，所產生的愉悅心理反應，當做「快樂」，例如，我們覺得手臂僵硬，便用手去按摩它，直到僵硬感消失，感到舒服，便會認為這種「舒服感」就是快樂；當我們在跳舞時，因身體隨著音樂的擺動，感到非常愉快，以及當自己所做的事情成功了，心情非常輕鬆暢快……等等，皆會讓我們在內心貼上「快樂」的標籤。

然而，所有會讓我們認為是快樂的原因，說穿了完全是由於「貪愛」因而執著於事物表相所產生的錯覺…因此，才會把原本的「痛苦」誤當做「快樂」，殊不見，有些喝醉酒的人，明明「酒吐」的很痛苦，但他們卻認為很快樂，而且，還會不忘地補上一句《傷城》電影的經典台詞：「酒好喝的地方，在於它很難喝。」來自我解嘲；有些去吃到飽的餐廳吃飯的人，為了吃夠本，因此，往往不惜拼著老命地大吃特吃，即便肚子已經撐到非常難受，但他們卻依然覺得非常快樂。

淡樂 看自己

所有會讓我們認為是快樂的原因，說穿了完全是由於「貪愛」因而執著於事物表相所產生的錯覺…因此，才會把原本的「痛苦」誤當做「快樂」。

你能將「美麗尤物」看成一堆「美麗枯骨」嗎

《西遊記》第七十二回，盤絲洞的蜘蛛精想要唐三藏做自己的夫婿，但唐三藏卻對幻化成絕世美女的蜘蛛精，不為所動地說：「她在他的眼中，只不過是一具美麗的枯骨……」

有句話說：「有時候，矇蔽我們眼睛的，並不是事物的表相，而是潛藏在內心的貪嗔癡念頭，殊不見有些詐騙集團的手法，不僅粗糙，而且老套，但是，每天還是有很多人受騙上當，而其原因，說穿了，就是被騙的人，自己內心的貪婪在作祟。」

其實，在這個「假相」看起來越來越像「真相」的年代，到處都充斥著類似「盤絲洞蜘蛛精」的表面誘惑，因此，當我們觀看一件事物時，必須像開悟過的唐三藏一樣，不要盲目地去相信自己親眼所見的「真相」，如此一來，才不會被事物的表相所矇蔽，也才能用心看見「所看對象」的實相。

相對的，一個沒有禪修過的人，在觀看事物的時候，就會執著於它們表面的假相，不僅會在看到表面美好的事物，盲目地認為所有的「觀看」都是美好的之外，而且，在「食髓知味」後，還會繼續追尋所有「美妙」的事物，來讓「我」享受「觀看」。

因此，這些人會不惜花費金錢、睡眠和健康去觀看他們認為精彩的表演和影片，因為，他們認為這樣做是讓「我」享受美好的事，因而樂此不疲…相反地，如果一個人不認為這樣的觀看對「我」是享受的，他將不會浪費金錢或損害健康去觀看這些沒有意義的表演…

然而，凡是認為所看的或所享受的是「我」、「我在享受」，就會以貪愛和成見去執著於「我在享受」的事物，相同的道理，如果以同樣的方式執著於「聽」、「嗅」、「嚐」、「觸」或「想」，便會把所有能思考、想像和意念的心，執著於根本就不存在的「我」上面。

所以，我們必須嘗試著用心確實看清這些以貪愛和成見，去執著的事物實相，就像唐三藏一樣，將一般人都認為的「美麗尤物」看成一堆「美麗枯骨」，而這就是從心靈的「內太空」來練習看自己的真正智慧。

淡樂 看自己

當一個人在觀看時，若忘了禪修，不僅會在看到表面好的事物，盲目地認為所有的「觀看」都是美好的之外，而且，在「食髓知味」後，還會繼續追尋所有「美妙」的事物，來讓「我」享受「觀看」，因此他會不惜花費金錢、睡眠和健康去觀看表演和影片⋯⋯

一定不惱煩必何事的生發會

有句話說：「不以規矩，何成方圓。」因為，「規」是畫圓的工具，「矩」則是用來畫方的器具，而「規矩」兩字，後來被用來當做行為道德的標準。

相同的道理，從心靈的「內太空」來練習看自己的「內觀禪修」則是以佛陀教導眾生的「色、受、想、行、識」的「五蘊」來做為練習的基礎和標準，佛陀的教導稱做「經」，而它要傳達的意思稱為「線」，這「經」與「線」也就是佛陀引導眾生如何禪修的「規矩」。

當一個木匠要削平或鋸一塊木材時，他會用線畫一條直線，同樣地，當我們要過禪修的淡樂生活，亦必須用「線」或「經」的這個「佛陀規矩」來規範自己的行為。因為，佛陀已給予「線」的指導來訓練道德和增長智慧，因此，我們不可以脫離這條規範行為的「線」，隨便地說話或為所欲為。

在佛陀傳給眾生的佛法經典中告訴我們，「無常」的意思指的就是整個世間存在的萬物，最後終將滅亡，因為，在這世間的一切，每時每刻都是不斷的在變化的，沒有什麼東西是永恆的，因此，必須用「禪修」來讓自己用心體會這個「無常、苦、無我」的人生實相，進而讓自己進一步了解，我們的人生原本就沒有自己想像中的精彩。

然而，用心體悟人生的實相就是「無常、苦、無我」有何用處呢？佛陀告訴我們：「只有了悟無常、苦、無我的人，才能厭棄色，厭棄受、想、行、識。」這句話的意思就是只要能夠了悟「無常」的涵意，就能夠討厭並放棄原本不該執著的執著。

換句話說，只要能夠了悟「無常」，便能討厭遠離了那些無常的色，受、想、行、識，就能遠離不該執著的慾望，只要能遠離不該執著的慾望，便能達到解脫的境界，只要能達到解脫的境界，就能生起解脫自我的智慧。

而當我們具備解脫自我的智慧，就不會再去在乎以前讓自己執著、在乎的事情，就能徹底地了悟這些以前執著、在乎，卻不一定會發生的事情，根本不值得花費精神去「未雨綢繆」和「提早煩惱」，如此一來，便能斷盡一切因為我執、在乎所產生的煩惱。

淡樂 看自己

只要討厭遠離了那些無常的色，受、想、行、識，就能遠離不該執著的慾望，只要能遠離不該執著的慾望，便能達到解脫的境界，只要能達到解脫的境界，就能生起解脫自我的智慧。

「我執」是所有煩惱的來源

有人說：「每天煩惱的事，通常十件當中，有九件不會發生。」因為，我們一天到晚，只會將自己的「注意力」，放在那些自我執著與在乎的事，所以，才會在擔心這些事，無法達成目標的情況下，進而產生所謂的煩惱，而這些「煩惱」說穿了，還不都是由於自己「得失心」過重，才會產生。

因此，必須透過禪修的練習，來斷除這些原本不存在或根本就沒有必要存在的無中生有的煩惱。

如果不練習禪修，不平靜與不舒服的心煩感覺，不時會從六個根門（眼、耳、鼻、舌、身、意）進入，然而，「不平靜」並非指精神苦惱，而是由於擾亂感官的對象不斷出現，導致內心生起不平靜的感覺。

例如，當禪修者沈浸於練習的期間，從禪修中心一回到家裡，剛開始看到這事，聽到那事，或忙於各種工作的洽談，內心就會感到不舒服、不安寧，因此，他們在那個當下，想再回到禪修中心。

但是，有些人的這種「不平靜」感覺，通常不會持續太久，大概只會持續四至十天，就會回復「平靜」，因為，家庭生活很快征服了他們，他們對家庭生活感到快樂，並重返肩負家庭責任的崗位，然而，這些人的內心，回復的平靜，只是表面上的平靜，因為，一個禪修者，只有當他沈浸於從內在看自己的「內觀禪修」時，他的內心才會真正感到寧靜。

然而，當人們在看、聽、嗅、嚐或觸的時候，他們認為自己或他人，不僅過去存在、現在存在、未來存在、而且永遠存在，他們認為自己是活著的自我，因此，很習慣以自我為中心，進而將「自以為是」當成是自己的執著。而值得一提的是這「觸」傳遍有血有肉的全身，因此，只要「觸」一生起，「我執」也隨之生起。

此外，當一個人在思考或想像時，他想著「曾存在過的『我』現正在思考，想著自己認為的『我』繼續存在著。」因此，他以為自己就是自己以為的「我」。但如果你跟他說根本就沒有他認為的那個「我」，他便無法接受，因而，感到不快樂，而這完全是由於他因貪愛而喜悅、因成見而錯誤地執著於自己想執著的事物。

淡樂 看自己

我們一天到晚，只會將自己的「注意力」，放在那些自我執著與在乎的事，才會在擔心這些事，無法達成目標的情況下，進而產生所謂的煩惱。

做事除了認真，最重要的是要用對方法

「做任何事情，『認真』只是必備的態度，而用對方法，才是所做之事，是否會成功的關鍵。」因此，當你禪修時，一定要有方法，只有正確的方法，才能產生從「內在看自己」的內觀智慧。

因為，如果你一昧地用不對的修行方法，就猶如你要搭北上列車，卻站在南下月台等候列車進站一般，要如何能夠產生內觀的智慧呢？

如果你要禪修於無常的事物，如實地看到它們是無常的實相，以及體悟到它們生起、滅去，而且不斷地壓迫你，因此，它們是可怕的、苦的。

換句話說，你要禪修於它們，除了如實地看到它們是苦的，並且，還需進一步體認到它們只是讓我們發現「人生無常」實相的一些過程。

因此，每次你看、聽、觸或知覺時，你應試著如實地看清那些由六根門（眼、耳、鼻、舌、身、意）生起的身心過程。但對初學者而言，很難觀察由六根門生起的一切感覺，他們應學習先從其中的一些開始注意和感覺。

然而，無論是在看、聽、嗅、嚐、觸、倦、熱、痛等等，尤其是從觸生起的難忍而不悅的感受，都必需注意這些感受所生起的任何正面或負面的念頭，然後，用心地去面對和處理它們。當然，此時也會生起一些愉悅、快樂、高興的念頭、想法，你可以試著，當它們生起時，同樣要給予注意或標記。

在禪修練習的時候，當你呼吸時，腹部的升降特別顯著。當腹部升起時，你觀察它是「升起」；下降時，你觀察它是「下降」。或許，有些人會以為在佛教的經典沒有觀察「上升」與「下降」的專門用語，因此，會藐視地說它們沒有什麼。但事實上，它們是有意義的，因為，注意腹部的上升與下降，除了幫助自己可以更清楚地感覺到呼吸的存在，更讓我們可以更加地集中注意，另外，用口語說的「上升」與「下降」，其實只是為了方便，因為，在佛教經典的專門術語上，「上升」與「下降」就是「風大」。

也就是說當你注意觀察腹部的上升與下降時，存在著擴張、運動、傳遞；在此，「擴張」是風大的特性，「運動」是它的作用，「傳遞」則是它的現起。總之，如實地了解「風大」，便可以幫自己知道它的特性、作用和現起……

淡樂看自己

你要禪修於這些無常的事物，如實地看到它們是無常的實相。它們生起、滅去，而且不斷地壓迫你，因此，它們是可怕的、苦的。你要禪修於它們，如實地看到它們是苦，並且，還需進一步體認到它們只是讓我們發現「人生無常」實相的一些過程。

練習 看自己

3

我們都在做
自以為好的事

你知道自己的頭髮一天長多少公分？

根據網路搜尋的資料，頭髮生長速度是每天0.27—0.4公分。按此計算，頭髮一個月大約長1到1.5公分，一年大約是10—20公分，但是在我們的週遭，大概很少人會知道自己的頭髮一天長多少公分？因為，沒有禪修過的人，並不具備識別發生在身心各種現象的智慧。

從內在來看自己的「內觀」始於對身心的確知。而在禪修過程中，為了讓自己由身心開始，又該如何做呢？其實，方法並不難，只需依照《清淨道論》中所說的：「禪修者要從特性、作用、等，去了知。」而這句話翻成白話的意思，大意是說當你開始禪修於身心，應從特性或作用下手；

而經文中的「等」則是指「現起」也就是顯現的意思。

此外，《攝阿毗達摩義論》切中要點地說：「見清淨是了解身心的特性、性質、現起和近因。」而這句話大意是說從內在來看自己的「內觀」，始於識別發生在身心各種現象的智慧，然而，為了達到這種識別清淨的智慧，你需禪修於身心，知道它們的特性、性質、現起和近因。

然而，此處「了解身心的特性」，是了解身心的內在自性；「了解它們的性質」，是了解它們的作用；而「現起」則是它們顯現的樣子。而在禪修練習的最初階段，因為，才剛開始，因此，還不需去了解「近因」。

在《清淨道論》與剛引述的《攝阿毗達摩義論》中，都沒有指出，以名字、數字、物質粒子或連續不斷的過程來禪修於身心，只指出應禪修於它們的特性、作用和現起。因此，在禪修的過程中，對此必須小心注意，不然可能導致名字、數字、粒子或過程的概念。

《註疏》說：「你需以它們的特性、作用和現起來禪修於身心。」故當禪修於風大時，應以它的特性、作用和現起來做。什麼是風大的特性？

答案是支持，例如，當你伸展手臂時，手臂會感到有些僵硬，這就是風大支持著；那什麼是風大的作用？答案是運動；什麼是它的現起呢？答案則是傳遞。

而「現起」是顯現在禪修者智力上的東西，當他禪修於風大時，在他的智力上顯現傳遞、推、拉的東西。而當你禪修於腹部的上升和下降時，一切擴張、運動、傳遞都變得明顯，這些就是風大的特性、作用與現起。

淡樂 看自己

從內在來看自己的內觀始於識別發生在身心各種現象的智慧，為了達到這種識別的智慧和見清淨，你需禪修於身心，知道它們的特性、作用（性質）、現起和近因。

不是「我」在走
而是「心」在走

只要當過兵，夜行軍過的人，應該都會有過「一邊睡覺、一邊走路」的難忘經驗，或許「一邊睡覺、一邊走路」對沒有「夜行軍」經驗的人，非常不可思議，但是如果透過禪修，了解到當我們走路時，並不是「我」在走，而是「心」和「色身」在走的禪義，也許就不難理解為什麼「夜行軍」的軍人，可以「一邊睡覺、一邊走路」了。

《註疏》說明智慧如何從禪修中生起時寫道：「我正在走的念頭生起時，即產生風，風產生了通知，當風散佈而將全身前移，這就稱做走。」

上述這句話的大意是說：每次行禪時，首先「我將走」的心念生起，這心念產生，導致全身的拉緊，進而使身體向前移動。因此，我們就會說這是「我在走」或「他在走」。但實際上，沒有我或他在走，只有走的心念及身體在走。

在一些頒獎典禮上，得獎人發表得獎感言時，經常會這樣說：「如果沒有爸爸媽媽或是最愛的另一半的支持，自己不可能會堅持到現在…」其實，這類型得獎感言的關鍵字就是「支持」和「堅持」，也就是如果沒有誰的「支持」，自己就不可能「堅持」…然而，上一篇提及的「風大」，其重點亦是它有「支持」特性，例如足球以風裝滿並支持著，因此，使球脹大和保持堅硬。在口語上，我們說球飽滿、堅硬；哲學用詞則是「風大」支持它。

另外，當你以身體或頭壓在充氣的枕頭或墊子，你的身體或頭不會下沈，這是因為枕頭或墊子裡的「風大」支持著你；一堆磚頭中，底下的磚頭支持著上面的磚頭，不會塌下，亦是「風大」所致，同樣地，人體內因充滿「風大」來支持身體，才能站得堅穩。

「風大」的作用是運動，它能使身體彎曲、伸展、坐、起…。那些沒有內觀禪修的練習者常說：「如果你注意『彎曲、伸展』，只有像手臂的觀念會產生；如果你注意『上升、下降』，只有像腹部的觀念會出現。」然而，這對一些初學者可能是真的，但若認為觀念會不斷地出現，則是不對的。

對初學者而言，觀念與實相會同時出現，如果只禪修於實相，這是不可能的。因為，開始就要忘記觀念是不切實際的，而將觀念配合實相來觀察才是可行的方法，就像佛陀用觀念的言語告訴我們，當我們在走時，要覺知「我正在走」，他不用實相的言語告訴我們要覺知「這是支持、運動」等。

淡樂 看自己

當「我將走」的心念生起，產生全身的拉緊而使身體向前移動，因此，我們就會說這是「我在走」或「他在走」。但實際上，沒有我或他在走，只有走的心念及身體在走。

當你看到閃電的時候

有句話說：「當我們了解事物的真相後，在此之前，形容該事物所有表相的言語就會瞬時消失。」因此，上一篇提到初學者在禪修時，佛陀會用觀念的言語告訴我們，當我們在走時，要覺知「我正在走」，他不用實相的言語告訴我們要覺知「這是支持、運動」等，但當禪修進階到另一個層次時，一切用言語形容的觀念就會消失，只有像支持和運動的實相生起。

然而，當我們在禪修的過程，達到觀照它們的壞滅為「無常」、「苦」、「無我」的智慧時，雖然禪修於「走」，但不會有腳或身體的顯現，只有持續的移動；雖然禪修於「彎曲」，但不會有任何手臂或腳，只有持續的運動；雖然禪修於「升、降」，但沒有腹部或身體的想像，只有出入息的呼吸動作，然而，這些運動、移動或呼吸，都是所謂的「風大」作用。

在禪修者心中顯現的推出或拉入是「風大」的現起（顯現）。當你彎曲或伸展手臂時，猶如有東西在拉入或推出，這情形在行走時更加明顯，亦就是透過行禪的禪修者，藉由注意「走，右步、左步、提起、推移、落下」讓自己的腳似乎自動地向前，好像後面有推動力，不需禪修者費力，然而，這樣注意「行走」是一種很美妙的感覺，以至於有些人願意花很多時間，來體驗這種感覺。

因此，當你禪修於風大，應經由它支持的特性、運動的作用和傳遞的現起來了解它，因為，只有如此，你所獲得的智慧，才會正確並且如實。

也許，你可能會問：「我們是否在學習特性、作用和現起後，才能禪修？」

不用，你不用學習它們。因為，當你禪修於從身心生起的智慧，你自然會了解其特性、作用與現起。

例如，當你在下雨天仰望天空，看到閃電，這亮光是閃電的特性。當閃電亮，黑暗就被驅除，而驅除黑暗是閃電的作用、工作，同時你也看到閃電它的長、短、弧形、圓形、直或廣的樣子。

換言之，你一下子看到它的特性、作用與現起，只是你可能無法說出亮光為其特性、驅除黑暗為其作用、它的形狀或外型為其現起，但是你卻透過看到了閃電，而了解它的特性、作用與現起。

淡樂 看自己

當你看到閃電，這亮光是閃電的特性，當閃電亮，黑暗就被驅除，而驅除黑暗是閃電的作用，同時你也看到閃電顯現的形狀，你一下子看到它的特性、作用與現起，只是你可能無法說出亮光為其特性、驅除黑暗為其作用、它的形狀或外型為其現起。

看見大象，就不需再看大象的照片

有些修車廠的老師傅，通常只要做幾個檢查動作，就可以知道故障車子的問題出在那裡？並不需像一些年輕技師在當技師前，必須進入汽修科系，學習一些有時候根本派不上用場的修車觀念和理論。

然而，在禪修的過程，也是一樣的，當你禪修於生起的各種身心現象，你不用學習它們，就能知道它所有的特性、作用和現起，並非像一些有學問的人以為，在禪修前要先學習它們，因為，你所學的只是觀念，不是實相。

而禪修者審察生起的身心，了解它們就好像用自己的手摸到它們，不用再學習它們，這就像有頭大象在你眼前，你不需再去看大象照片的道理一樣。

例如，禪修者禪修於腹部的上升與下降，知道了緊或鬆（它的特性）、知道入或出息的運動（它的作用）、以及知道它的拉和推（它的現起）。假如他如實知道這些事物，他需要學習它們嗎？如果他只求自己覺悟，並不需要學習它們，但若是他要教導他人，就需要學習它們。

有位哲人曾說：「我們常會勉勵自己或別人，『吃得苦中苦，方為人上人』但是，我們都忘了提醒自己或別人，必須了解自己所吃的苦，其背後的意義是什麼？千萬不要一昧地只是想當『人上人』，而矇著眼睛吃苦。」

在禪修時，你的身體某部份一定有些熱、痛、倦、疼，這些即是難忍的苦受，你可以試著用你的智慧，專注於這些苦受，並注意「熱」或「痛」，如此你就會發現到你正經歷不愉悅的經驗和痛苦，而這就是「苦受的特性」。

然而，當苦受出現的時候，如果苦受只有一些，就有一些壞心情；但若是苦受很強烈，即使那些意志堅強的人，也將讓他的心情變得很壞，而這個促使人的心情變壞，則是「苦受的作用」。

另外，「苦受的現起」是身體的壓迫感，它呈現身體的痛苦，對禪修者的智慧來說，它是難以忍受的。當他禪修於「熱」或「痛」，呈現於身上難以忍受的感覺，如果顯現太多，甚至會使人不禁地呻吟起來。

如果你禪修於身上生起的苦受時，你了解身體討厭感受之體驗（它的特性）；了解相關情緒的變壞（它的作用），以及了解身體的痛苦（它的現起），然而，這些「了解」就是禪修者獲得智慧的方法。

淡樂 看自己

當你禪修於生起的身心，你不用學習它們，就能知道它所有的特性、作用和現起，並非像一些有學問的人以為在禪修前，要先學習它們，因為，你所學的只是觀念，不是實相。

當一個滅去　另一個便生起

《法句經》第一偈：「一切事物以心為前導。」假如每當心識生起，你就注意它，你會很清楚地看到「心」如何扮演領袖的角色。因此，你也可禪修於心，因心能認知和思考。所以，每當它生起時，禪修者的功課就是「思考、想像、沈思」。然後，你在思考或沈思中，將發現它有朝向對象、認知對象的內在性質，而這是心的特性，換句話說，由於，心有認知的特性，進而促使眼識亦有認知對象，耳識、鼻識、舌識、身識和意識也是這樣。

任何機關團體，都會有一個領袖，而心識是認知出現在任何感官對象的領袖，當可見的對象在眼前出現，心識先認知它，接著是受、想、貪愛、喜悅、不喜歡、羡慕等。

然而，當你禪修於「升、降」的腹部動作時，如果念頭出現，你要注意這念頭，如果在它出現的那一刻，你能注意它，它會立刻消失，如果你不能立刻注意，它的一些「跟隨者」，像喜、愛…等等，就會接連生起。

註疏裡說道：「心識有延續的現起。」當你在做一些禪修的功課時，心有時會跑開，但如果這個時候，你能立刻注意它，它就滅去。接著另一個心識生起，你再注意它，它再滅去，這就像我們到電玩遊戲場，去玩「打地鼠」的遊戲一樣，當地鼠的頭，接二連三地冒出來的時候，我們就必須用木槌一一地將它們打下去，否則，遊戲就會結束，也就是說，在禪修的過程，很多突然生起的念頭，其實就像「打地鼠」遊戲中，突然冒起的「地鼠頭」，必須立刻用你的「注意」也就是遊戲中的「木槌」，將它們一個一個打下去。

禪修者了悟到「心識是連續的事件，一個接一個的生滅。當一個滅去，另一個生起。」因此，你了悟到心識的連續現起，也了悟到死與生，進而心中產生「死一點也不陌生，它就像我們所注意的每一刻滅去的心識；而再生亦如同正注意的心識，那樣地生起……」的體認。

為了證明一個人，即使未曾學習它們，也可了解事物的特性、作用和現起，我們已選出物質的風大、心理的苦受和心識，你只需在它們生起時，禪修於它們。因為，如果你在它們生起時禪修於它們，你將了解它們的特性、作用和現起，而這是從內在看自己的「內觀禪修」基礎。

淡樂 看自己

當你禪修於「升、降」等時，如果念頭出現，你要注意這念頭。如果在它出現那一刻你能注意它，它會立刻消失。如你不能這樣，它的一些跟隨者，像喜、愛等就會接連生起。

不讓不該執著的念頭生起

不論我們做任何事，其背後都一定會有一個「利己」或「利他」的動機和目的，就連禪修也不例外，因為，所有禪修的人，在禪修的過程中，一定都曾經有過「我為何要禪修？」的疑惑在腦海生起。

然而，禪修到底是為了世間財富？或是為了去除病痛？為了天眼通？還是為了飄浮在空中諸如此類的超自然力？

其實，上述的這些目的，都不是練習從內在看自己的「內觀禪修」所要達成的真正目標，但令人諷刺的是，以上那些目的，卻是有些禪修者一開始進入禪修領域時的不能說的初衷。

或許，正在練習「內觀禪修」的禪修者，或準備踏入禪修領域的人，曾經聽過有些人，因禪修而治癒嚴重的疾病，因為在佛陀時期，圓滿內觀禪修的人，便能擁有這種超自然力，而且，現今的人如果修行圓滿，也可能會擁有這些超自然的力量，但是獲得這些力量，亦並非「內觀禪修」的基本目標。

另外，我們應禪修於過去已逝的現象嗎？應禪修於未來的現象或現在的現象嗎？或者，要禪修於非過去、非未來和非現在的現象，以及從書上閱讀而生起的想像嗎？其實，答案都不是，而且，以上這些也都不是禪修的真正目的，因為，我們禪修應該是為了不執著，而其最終的目的，便是禪修於正在生起的現象。

不曾踏入禪修領域的人，每當他們看到、聽到、觸到、或覺察到生起的身心，就會執著於它們，他們以貪愛執取它們，並感到高興，他們以成見執取它們，並感到快樂，然而，我們禪修，就是為了不讓上述這些不該執取的執著生起，並且脫離它們，這才是從內在練習看自己的「內觀禪修」

要追求的最高境界。

最後，值得一提的是，此處所講的「禪修於正在生起的現象，不禪修於過去、未來或時間不確定的事物」是「實用的內觀」禪修，而在「推論的內觀」禪修中，我們可以禪修於過去、未來和時間不確定的事物。

淡樂 看自己

練習從內在看自己的「內觀禪修」分為實用與推論兩種。禪修於實際生起現象的內在特性和各別的特性（例如無常）所獲得的智慧是「實用內觀」。然而，從這實用智慧，推論那些你未經驗的過去和未來的事物為無常、苦、無我，則是「推論內觀」。

起去
生滅
剎那
剎那

有些人為了逃避現在所遇到的問題，寧願讓自己活在過去或未來，但這些人終究會了解現在所遇到的問題，並不會因為自己「逃到」過去或未來，因而消失不見，而這也就是為何我們不禪修於過去或未來的事物？因為，它們不僅無法讓你了解自然的實相，更不能幫你袪除煩惱。

另外，我們為何不禪修於過去或未來的事物的另一個原因，是你無法記起過去世，即使今世，亦記不起大部分過去的童年。雖然，最近發生的事物可回憶出來，但當你回憶時，你想著：「我看、我聽、我想，這是我在那時看，那是我在此刻看。」在你的回憶中有「我」的觀念存在著，但是，在禪修的「無我」之中，根本就沒有「我」或「個人」存在。

因此，回憶過去的事物來禪修，是不符禪修的目的，因為你執著於它們，而這執著難以袪除，你一方面說「無常」，另一方面卻持「有常」的觀念，你注意「苦」，但「樂」的觀念繼續浮現。你禪修於「無我」，但「我」的觀念，卻又強而穩健地跑了出來。

有句話說：「未來會變成怎麼樣？有時候就連『未來』本身也不知道。」因為，未來還未發生，當它來時，你無法確知它會是怎樣的，你可能預先禪修於它們，但當它們真正出現時，你可能不能照做。因而，貪愛、成見、煩惱又都生起。所以，經由學習和思考的幫助，來禪修於未來，是無法知道事物的實相，也沒辦法止息煩惱。

至於「時間」這個不確定的事物，不曾存在、將不會存在，也不存在於個人或他人，它們只是藉由學習和思考的想像，它們只是誇大，看似有理，但若加以省思，將發現它們只是名字、符號和形狀的觀念。

假如有人在禪修中，體悟到物質是無常的：物質剎那生起，剎那滅去。但是如果你問他：「它是什麼物質？它是過去的、現在的或未來的物質？自己或他人的物質？假如在自己，它是在頭、身體、肢體、眼睛或耳朵的物質？」你將發現他給的答案，沒有一樣是肯定的，而只是觀念、想像，就如同名稱的觀念一樣，所以這也就是我們不禪修於「時間」這種不確定東西的原因。

淡樂 看自己

為何我們不禪修於過去的事物？因為，它們無法讓你了解自然的實相，並袪除煩惱；你無法記起過去世，即使今世，亦記不起大部分過去的童年。因此，若禪修於過去事物，你如何如實地知道事物的特性與作用？

我們都在做
自以為好的事

有人說：「『現在』就發生在我們呼吸的每個瞬間。」其實，凡是正在六根門（眼耳鼻舌身意）生起的現象，就叫做「現在」，而且它還未受到污染，就像一張白紙。如果你能在它生起時，隨即禪修於它，它就不會被污染，這就像當你一發現有感冒徵兆時，即時吃維他命來增加身體抵抗力，就不會讓感冒成形一樣。但如果你不能即時注意它，它就會被污染，一旦受污染，它就難以祛除。換言之，如果你在「現在」生起時，不能立刻注意它們，執取就會介入。

然而，執取不是一件小事，它是善行與惡行的基本原因，我們每個人每天都在做自以為好的事，那到底是什麼讓我們認為自己所做的是好的事呢？答案是執取。亦就是「執取」讓他人可能認為不好的，但做的人卻認為很好。因為，如果他認為不好，當然就不會去做。

沒有一個人會認為自己所做的為惡，這就像阿闍世王殺死父親頻毗娑羅王，他認為這是好的；提婆達多謀害佛陀，對他來說是好事，飛蛾撲火亦以此為好事。總之，自認為是好事就是執取，一旦真正執取，人就會去做，而其結果，就是世間從此有善行與惡行。

克制自己不使他人受苦是一種善行，幫助他人、布施是一種善行，向值得尊敬者致敬是一種善行。善行可於此世帶來平安、長壽和健康，它也將於來世帶來善果，這種執取是一種好的、正確的執取。這些執取的人做出善行，並產生善業，其結果是他們死後會再投生為人，且會有好的果報，如好的出生、好的家人以及健康和財富⋯而這些人，可以稱他們為「快樂的人」。

但從佛陀的教導看來，這些快樂的人仍不能免除痛苦，因為，他們終將會長大成為老的「快樂」人。看看世間那些「快樂」的老人，真的感到快樂嗎？一旦超過七十或八十歲，斑白的頭髮、斷齒、視力差、聽力弱、駝背、皺紋，存在著老年的疾病！接下來，他們無法安睡、無法好好地吃，他們在坐下和站起時，感到吃力。即便是總統、富人或是名人，最終，亦只能在親戚、朋友圍著他的情況下，躺在床上，閉著眼死去，而且，有些人在死後，去到下一世之前，還會發現自己難以捨棄這世的名利。

淡樂 看自己

我們每個人每天都在做自以為好的事，那到底是什麼讓我們認為自己所做的是好的事呢？答案是執取。亦就是「執取」讓他人可能認為不好的，但做的人卻認為很好。

樂是快受

苦越是越

每個人終究都會走到人生的盡頭，沒有人可以倖免。然而，在死前一個星期，各種死亡徵兆會相繼出現，例如，即將死亡的人會突然發現他們的身體發出很多之前沒有出現過的臭味、以及出現汗從腋窩流出的不尋常現象……

最後還會開始對以往不曾感覺厭煩的快樂生活，感到莫名的厭煩……

而當死亡徵兆出現之後，這些臨死之人，會即刻體會到逼近死亡的感覺，並且開始感到驚慌失措。

不只老和死，「愁、嘆、憂、惱」這些都是苦的生起。而且，就連「快樂」也會因為「執取」而生起苦，殊不見，通常我們在通宵狂歡之後，隨之而來的就是內心生起空虛、落寞的失落感覺，所以，由於「執取」，甚至是由於「善行」而得到的快樂生活，終究是大苦，而且，越是快樂，最後就越是受苦。

或許，有些人會認為，既然由於善行所獲得的快樂生活，終究必須受苦，那麼我們乾脆就不去做？其實，這個觀念是錯誤的，這就像吃東西會塞牙縫、喝水會嗆到，就索性不吃東西和不喝水一樣地荒謬。

因為，如果不行善，惡行就可能會產生，這會使我們墜入地獄、畜生、餓鬼…的下界，而這些下界的痛苦更苦，也就是說，由於善行所獲得快樂生活，最終所受的苦，對比於不行善，讓惡行產生，最終墜入下界的痛苦，要快樂許多。

然而，正確的執取使人行善，同樣地，錯誤的執取使人作惡。有些人認為殺、偷、搶、做壞事是好的，結果他們投生惡界——地獄、畜生、餓鬼。而一旦生到地獄，猶如跳入大火裡，即使是天王或天魔對地獄之火也無可奈何。

據佛典記載，拘留孫佛住世時，有一位叫度希的天魔，他蔑視佛和僧眾，有一天，他導致一位大弟子死亡，由於，這個惡行，讓這個天魔死後投生在阿鼻地獄，當他一下到那裡，即便是身為天魔的他，亦只能任憑煉獄的宰割。

因此，在此世上欺負他人的人，如果想到自己往生後，會遭遇如天魔度希的厄運，且在地獄長期受苦之後，還將再投生為畜生或餓鬼，應該就不會肆無忌憚地犯下欺凌別人的惡行。

淡樂 看自己

不只老和死，「愁、嘆、憂、惱」這些都是苦的生起。而且，就連「快樂」也會因為「執取」而生起苦，而且，越是快樂，最後就越是受苦。

4

一分鐘可以產生 3333.33 個念頭

執取的念頭如何生起

有人說：「所謂的『執著』，其實，就是沉迷於自己認為是對的事情，例如成功、例如夢想……」因此，執取可怕的地方，就是它讓你有一個非常正當的理由去擁有它，但即便如此，它也是非常重要的，所以我們禪修的最終目的，就是要使執取不生起，並終止它，亦就是不執取於貪欲或成見。

那該如何讓執取不生起？讓我們從「看」開始說起，如果你看到某種漂亮的東西，某個漂亮的女孩，你會如何想呢？你對它和她感到喜悅、愉快，不是嗎？你不僅不會說：「我不要看它，我不要見她。」反而，你會在內心想著：「多麼美麗的東西！多麼可愛的女孩啊！」

不管所見的對象是人或沒有生命的東西，你認為它過去存在著、現在存在著，將來也繼續存在著。雖然它不屬於你的，你心裡當它為己所有，並感到愉悅，亦就是如果是一塊布或是一雙拖鞋，你在心裡穿起它們，並感到快樂；如果是一個人，你在內心擁有他（或她）並感到愉悅。

同樣的事也發生在你聽、嗅、嚐或觸的時候，每次你都感到喜悅。運用到念頭，你高興的範圍就更廣。你幻想並且高興於不屬於你所擁有的東西，渴望得到它們、想像它們是你的。如果它們是你的，不需說，你時時刻刻不斷地想著它們，並且感到愉悅，以上就是以禪修來檢查自己的喜悅和執取。

另外，我們也執著於成見，你執著於個人見解，當你看時，你認為你所見的是一個個人、一個自我，你也把自己的眼識當作一個個人、一個自我，實際上，並沒有這個自我或個人，如果沒有深入的內觀智慧，我們當下會執取於自己所見的東西，而禪修的目的，就是要使成見的執取不再產生。

然而，我們必須禪修於正在生起的東西。只有如此，才能阻止執取。執取是來自看、聽、嗅、嚐、觸與想，它們由六根門生起。我們會執取於看不到或聽不到的東西嗎？當然不會。因為，那些住在你不曾到過的城市、鄉村的男女，你如何能愛上他們（或她們）？如何會執取於他們（或她們）？

因此，你不會執取於未見過的事物，對它們不會生起煩惱，你不需禪修於它們。但是你所看到的東西是另一回事，如果你未禪修，以阻止它們的出現，煩惱就可能從此生起。

淡樂 看自己

當你看時，你認為你所見的是一個個人、一個自我，你也把你自己的眼識當作一個個人、一個自我，如果沒有深入的內觀智慧，我們當下就會執取於自己所見的東西。

沒有執著的東西
就沒有執著

有位哲人說：「我們經常在做著讓昨天的煩惱在今天復活，讓明天的煩惱在今天提早出生的蠢事。」因此，如果沒有禪修於生起的現象，就不知道它們無常、苦、無我的真實性質，因而，才會讓煩惱復活或提早出生，這就是所謂的潛伏煩惱。

人們執取於什麼？為何執取？因為曾經見過，所以他們執取於曾見過的事物或人。如果當它們生起時，沒有禪修於它們，某種執取即會生起。而由執取所生起的煩惱，便會潛伏在我們所見、聽、嚐等的對象之中。

如果你禪修，你會發現你所見的滅去了，所聽的滅去了。它們當下就滅去。一旦你如實看到它們，就沒有東西去貪愛、憎恨、執著。而如果沒有執著的東西，也就沒有執著、沒有執取。

你要當下禪修，在看的那一剎那，就要禪修，千萬不能用各種理由和藉口來拖延。你可能賒帳買東西，但你不可以賒欠禪修，只有這樣，執取才不會生起。經文說，當「眼門心路過程」剛結束，而跟隨的「意門心路過程」尚未開始前，你就要立即禪修，這句話的意思就是說當某種東西在我們眼前閃過瞬間，在還沒開始起心動念之前，就必須禪修。

當我們看到一個視覺的對象，其過程如下：首先，看到出現的對象，這是「看的過程」又稱做「了知過程」。接著，複習所見的對象，這是「複習過程」。再接著把所見的聚集起來並見到形狀，這是「聚集形狀過程」。最後，知悉所見的對象，被賦予的名稱概念，這是「取名過程」。而對未見過的對象，因不知名稱，所以取名過程不會發生。

然而，這四項中，當第一項「看的過程」發生時，我們見到它生起時的當下形狀實相；第二項「複習過程」發生時，我們複習過去所曾見到實際的形狀，而這兩個過程都注意在所見對象的實相，這兩個過程的不同在於一個是現在的實相，另一個是過去的實相。

接著第三項「聚集形狀過程」，開始步入形狀的觀念；第四項「取名過程」，則是步入名稱的觀念。接下來的過程，則是產生各種觀念，而沒有從內在練習看自己（內觀禪修）的人，都會有以上共通的過程。

淡樂 看自己

如果你禪修，你會發現你所見的滅去了，所聽的滅去了。它們當下就滅去。一旦你如實看到它們，就沒有東西去貪愛、憎恨、執著。沒有執著的東西，就沒有執著、沒有執取。

修禪當下
去滅當下

有位勵志暢銷書作家在書中寫道：「如果你連當下這一瞬間都無法掌握，就不要大言不慚地跟我說，你會努力地檢討過去和創造未來。」

前一篇我們提到當某種東西在眼前閃過的剎那，在還沒開始起心動念前，就必須在當下立即禪修，因此，千萬不要以為可以在十分鐘後，甚至在一個小時之後，再來理會這個會讓我們起心動念的東西。

因為，別說是十分鐘後，有時候甚至是只過了一分鐘，那個會讓我們起心動念的念頭，就已經在我們的心中牢牢生根。

因此，我們應試著即刻禪修，如果能這樣做，便能顯現出好似對象剛被看到、剛剛生起時，我們就禪修於它們，在經典上，這種禪修稱之為「當下禪修」。

如果你無法禪修於當前，「了知過程」的念頭就會生起，而這念頭便會複習剛才所見到的，因而成為主觀的成見，亦就是所謂的執取。

但對於初學的禪修者而言，它們好像只呈現一個剎那心念。假如你在了知過程之後，能立刻禪修，就不會生起自以為是的「觀念」，並能住於實相，亦就是所見的對象，但這對初學者並不容易。

假如你在「了知過程」之後，不能禪修，進入到「形狀過程」和「取名過程」，那麼同樣會發生執取。而且，即便你在執取出現後才禪修，它們也不會消失，這就是為何要在觀念未生起前，必須即刻禪修的緣由。

換句話說，如果念頭在前述的各種意根出現，而沒有即刻禪修，念頭之後，會有接續的過程生起。因此，你要即刻禪修，使它們無法生起。

總之，你要在它們生起時，就注意它，它們就會在那裡當下滅去，你要在心中的妄念將要生起，立刻注意它，它們就會立即停止。

因此，當你在看、聽、觸或知覺時，給予注意，就不會有接續的心識生起，而帶來執取。

另外，禪修者禪修於它們，看清它們如何生滅，必須是自己清楚地知道它們是無常、苦、無我，而不是因為老師的講解，這才是真正的智慧。

淡樂 看自己

如果念頭在意根出現，而沒有即刻禪修，念頭之後會有接續的過程生起。因此，你要即刻禪修，使它們無法生起。你要在它們生起時，就注意它，它們就會在那裡，當下滅去。

練習注意自己的每一個念頭

有句話說：「舉凡所有頂尖的運動選手，他們都有一個共同的成功訣竅，這個訣竅就是練習、練習、不斷地持續練習。」然而，在禪修的過程，當對象生起時，要達到看清它們如何生滅，並清楚地知道它們是無常、苦、無我的智慧，也是需要持續徹底地練習。

因為，沒有人能保證你在一次禪坐中，就能獲得開悟智慧。雖然佛陀住世時，有人聽完一次佛陀的開示就悟道，但這在今日幾乎是不可能發生的事。

換句話說，只有足夠地練習，才有機會開始了解體悟無常、苦、無我的智慧，進而了解它們不是立刻可以體會的。以現今禪修者的程度，一位特別天賦的人，可在兩、三天內獲得了解無常、苦、無我的這種智慧，而多數的人需要五、六或七天，但前提是必須不間斷地練習，因為，懈怠的人，即使給他十五或二十天，甚至是一個月的時間，也照樣無法獲得。

其實，從內在來練習看自己的「內觀禪修」，也沒有什麼竅門，它就是一種不間斷的練習，也就是每當看、聽、嗅、嚐、觸或想的時候，都要練習禪修，不可遺漏任何念頭和感覺。

換句話說，不要停止注意每一個從心頭生起的念頭。因為，當你注意時，當下被你注意的念頭，雖然會即時滅去，但另外一個新念頭可能隨之生起，因此，你必須再注意它們……

除非你能找到念頭的源頭，徹底地袪除它們，不然這些念頭，就會像接力賽跑一樣，一棒接一棒，讓你無法獲得內心清淨。

總之，每個身體的動作、每個生起的念頭和感受，全都需要給予注意，尤其是像倦、熱、痛、或癢的難忍感受在身體出現，必須特別專注它們並注意，然而，如果沒有特別可注意的，就繼續注意腹部「上升」、「下降」的動作，另外，為了讓禪修練習不間斷，因此，除了四、五或六個小時的睡覺時間，其他時間，都應隨時持續地注意周遭的事物。

如果你繼續認真地注意，在五、六天內，你會發現妄念很少生起，即便妄念生起，你也不會像之前，那麼手足無措，因為，你已經能夠在它們生起的那一刻注意它們，並且讓這些妄念，在你注意的那一刻消失。

淡樂 看自己

當你注意時，念頭可能生起，就再注意它們，除非你袪除它們，不然你無法獲得內心清淨，所以別讓它們侵入，注意它們，並袪除它們。

每個事物
生起之後就會滅去

「當我們每次注意時，所注意的對象和能注意它的心是兩件分開的東西。」這是所有教導我們從內在「練習看自己」的「內觀禪修」書上，都會提醒禪修者必須注意的功課，因為，了解物質的形式（色身），如「上升」和「下降」是一件東西，而注意它的心理狀態，則是另一件東西。

通常，物質的形式和認知它的心，不像是分開的，它們好像是一個「連體嬰」，但書本上的知識告訴我們，它們是分開的，而我們的感覺，卻一直認為它們是同一個。

因為，當我們彎曲食指，可以看到那要彎曲的心嗎？能夠分辨心與彎曲嗎?如果誠實回答,答案將是「不能」,但這對已進階到另一個層次的禪修者而言,答案卻是「能」,因為他們所注意的對象和覺知它的心是分開的。

例如當你看著一串藍寶石,你知道:寶石由線穿過,這是寶石,這是穿過寶石的線。同樣的,禪修者知道:這是物質形式(色身),這是覺知它的心,然而,心依賴物質,並且和物質有所關連,所以,藍寶石代表物質形式,線代表能觀察的心識。線穿在藍寶石,就如同內觀的覺知穿透物質形式一樣。

因此,當你注意「上升」時,上升是一件東西,覺知是另一件東西,當你注意「下降」時,下降是一件東西,覺知是另一件東西,當你提起腳走路時,其一是提起,另一是覺知;當你將腳移向前時,只有向前移和覺知;當你將腳落下時,也只有落下和覺知,總之,你的每個「注意」,物質和覺知這兩件東西都同時存在著。

然而,當你的禪修進入另一個層次,你了解到當下所注意的物質(身)

與覺知（心）不斷地按時滅去。當你注意上升，上升的物質形式，漸漸地生起而後滅去；當你注意下降，下降的物質形式，逐漸地生起而後滅去。

然後，你漸漸發現和體會每個「注意」，它們生起，然後滅去，所以它們是無常，這就像有些人在這個小時，還在為了自己談成一筆大生意，辦慶功宴大肆慶祝，但在下一個小時的騎車回家路上，卻慘遭煞車故障的卡車衝撞，當場身亡的無常是一樣的。

淡樂 看自己

當你的禪修進入另一個層次，你了解到當下所注意的物質（身）與精神（心）不斷地按時滅去。當你注意上升，上升的物質形式，漸漸地生起而後滅去；當你注意下降，下降的物質形式，逐漸地生起而後滅去……

人死了，他的名字不會跟著一起死

我們常聽人家說：「人生無常，因此，要好好地掌握當下！」那麼到底什麼是「無常」？註疏上記載：「它們是無常，生後就滅。」在現實生活中，只要能用心觀察，其實，不難發現上一秒還在「天堂」，下一秒隨即跌入「地獄」的「無常」例子。

譬如，每次一到畢業季，總會有幾則令人感到人生無常的社會新聞躍上報端，也就是有些應屆畢業生，早上還風風光光上台領取市長獎，但是下午這個領取市長獎的學生，卻因為跟同學到海邊游泳，溺水身亡，而早上坐在台下觀禮，為自己小孩感到驕傲的家長，再見到小孩時，小孩已經變成一具冰冷的屍體，真是讓人不勝唏噓⋯

其實，想要擁有了知無常這種智慧，必需親自去了解，而不是從書中或從老師那裡得來，因為，相信他人所說的是信仰，因信仰而記住的是學習，不是智慧。

因此，我們需以自己的體驗去了解知道，才是最重要的。也就是從自己的內在去審察、去親眼見到、使自身了悟、自己知道⋯而這也就是練習從內在看自己的「內觀禪修」當中了解「無常」必備的功課。

然而，如果一件東西不生起，我們不能說它是無常。那到底什麼東西沒有生起？答案是觀念或名字，因為觀念或名字從未生起、亦不曾真正存在過。

舉一個人的名字來說，如果一位小孩取名為「志明」。在未取名之前，根本沒有人知道「志明」。但從小孩取名那天開始，人們開始叫他「志明」。

但是我們不能說此後這名字就生起了。因「志明」這名字並不存在他身上、頭上、臉上⋯⋯僅是人們同意叫他志明而已。如果他死了，名字不會和他一起死，只有當人們忘記志明這名字時，它才消失，但它不是被摧毀，若有人再使用它，它就再度出現，例如在《本生經》裡，菩薩前世的許多名字：威山大羅、瑪火薩達、瑪哈夾納卡、維都羅、鐵米雅、涅米⋯⋯這些名字在當時是人們所知道的，但已消失了幾千年，直到佛陀再度提起它們。

所以，觀念、名字只是世俗的設立，它們不曾真正具體存在。換言之，它們不曾「生起」，所以不能說它們「滅去」，也不可以說它們是無常。

淡樂 看自己

我們說身心是無常，因為它們生起，然後滅去。如果一件東西不生起，我們不能說它是無常。什麼東西沒有生起？那就是觀念，因觀念從未生起、亦不曾真正地存在過。

當你注意妄念
妄念就會滅去

當我們來到一個以前好像到過的地方，或是見到一個以前好像見過的人，會有一種「似曾相識」的感覺生起，那是因為當我們眼睛看見外在的人或物後，這些人或物的景象，立即在生起之後，隨即滅去，一直到我們下次再見到這些人或物，再生起，然後再滅去，因此，我們說「看見」是無常，甚至會感嘆地說：「景物依舊，人事已非。」

其實，要一般人知道「看見」是無常並不容易，但要知道「聽見」是無常則比較容易，如果耳根完好、聲音產生、沒有阻礙、注意力移向聲音，一旦上述這四個因素，同時具備，就會「聽見」。

例如現在你聽到我講話，你聽到一個接一個的聲音。一旦聽到它們，它們就滅去，亦就是當我說「聲」，你聽到，接著它就沒有了。當我說「音」，你聽到，接著它就逝去，這就是它們如何生滅的過程。

而其他的身心現象也是這樣的生起和滅去。由於，看、聽、嗅、嚐、觸、想、彎、伸、運動⋯等等全都是不停地生滅，因此，我們說它們是無常。

然而，在這些生滅中，心識的滅去非常明顯。如果你的心生起妄念，你就注意「妄念」，當你注意它時，妄念就不再有，它就會滅去，而由於它以前不曾存在，在此刻剛生起，然後，當你去注意它，它就完全滅去。因此，我們說它是無常。

苦受的滅去也很明顯，當你繼續注意腹部「上升、下降」時，疲倦、熱或痛會在身體某部出現。如果你繼續注意著它，有時它就完全滅去，有時至少在你注意時滅去，因此，它亦是無常。

總之，這種對事物變化性質的了悟，就是審察無常，它來自你親身的經驗。然而，真正的內觀智慧是藉由禪修於事物的生起和滅去，親自了知，初學者可能還沒有這種清晰的智慧，因為，它不是這麼容易，但也不難達到。

如果你努力用功，便可以達到，如果不努力，就不能達到，這就像學歷、事業、榮譽都是沒有辛苦，就沒有收穫的努力成果，因此，從內在「練習看自己」的「內觀智慧」，也是必須努力，才能獲得。

淡樂 看自己

如果心生起妄念，就注意「妄念」。當你注意它時，妄念就不再有，它就滅去。它以前不曾存在、此刻剛生起、然後，當你去注意它，它就完全滅去。因此，我們說它是無常。

一分鐘可以產生3333.33個念頭

根據佛教梵典《僧只律》這本書中記載，一剎那者為一念，一剎那間為0・018秒，換言之，一分鐘可以產生3333・33個念頭，因此，當我們的定力變得更敏銳，將會在剎那間看到在一個彎曲或伸展肢體的動作中，生起成千上百個念頭。而當我們步行或在眨眼時，也將看到很多念頭一個接一個的生起，因此要注意這些迅速變化的念頭。如果不能稱呼它們，就只注意「覺知、覺知」，我們將會看到很多念頭，在每次注意「覺知」的剎那間，持續地生起。

一個念頭生起，心就覺知它；另一個念頭生起，觀察的心識又覺知它。就如俗語所說：「一舉筷，一口飯。」而對每個生起的念頭，都有觀察的心識去覺知它，且當你如此覺知，這些生起和滅去就會很清晰。

當你注意腹部的上升和下降時，冒出來的妄念會被觀察的心識逮住，就像一隻野獸直接落入陷阱內，或是一個目標被一塊石塊剛好擊中。亦就是當你一覺知它，它就滅去。你非常清楚地發現到它，就像你將它握在手裡一樣。

然而，任何心識生起時，你都能如此發現。當疲倦生起，你注意「疲倦」，它就滅去。它再出現，你再注意，它再次滅去，亦就是疲倦、注意、滅去；疲倦、注意、滅去；它們一個接一個的滅去，第一個疲倦與第二個疲倦並無關連，而這種滅去在更高的內觀階段中，顯得更為清楚。

痛也是如此。痛、注意、滅去；痛、注意、滅去；每一個痛在每次的注意時滅去。第一個痛與第二個痛不混雜，第一個痛與第二個痛完全不同。

對於常人，疲倦或痛都是不間斷的，好似你連續疲倦或痛了一段長的時間，但事實上，沒有長時間的疲倦和痛，有的只是一個接一個的疲倦和一個接一個的痛，禪修者在專注於「注意」時，會看到這一點。

最後，再回到觀察腹部「上升、下降」的動作，當你注意腹部「上升」時，上升逐漸生起並逐步滅去。當你注意「下降」時，下降逐漸生起和逐步滅去。常人不瞭解這個事實，認為上升和下降是荒謬的腹部形狀，因此，常會不以為然地認為禪修者，也只是看到荒謬的腹部形狀。但請別自以為是的揣測，要親自去嘗試並觀察，因為，只有你努力用功去禪修，才會恍然發現以前那些自以為是的揣測，有多麼幼稚和可笑。

淡樂 看自己

根據佛教梵典《僧只律》這本書中記載，一剎那者為一念，而一剎那間為0・018秒，換言之，一分鐘可以產生3333・333個念頭。因此，當我們的定力變得更敏銳，將會在剎那間，看到在一個彎曲或伸展肢體的動作中，生起成千上百個念頭。

我們為何會執著於「自我」

早期卡通影片製作，是先將卡通人物動作，例如彎腰或走路的動作分解成幾個步驟，然後，將這些步驟動作，畫成一張一張的圖稿，再藉著連續翻動一張張動作步驟的圖稿，造成卡通人物好似在紙上動起來的錯覺。

在禪修的過程中，當我們注意「彎曲」，清楚地看到它如何移動和滅去，而當它一個移動接一個移動的感覺，其實，跟前述讓圖稿上的卡通人物動起來的原理相似，因此，我們會看到手臂彎曲的連續動作。然而，佛典所講的實相，身心不會從一個地方移動到另一個地方。但是，常人卻以為是彎曲之前，存在的同一隻手在移動，對他們來說，手是不變的。

而這是由於他們缺乏智慧來看透，無常被「連續」動作所覆蔽，以致無法經由物質的連續，看清物質持續生起的方式，這就像前述卡通影片的人物，因連續翻動一張張動作圖稿，導至我們以為紙上人物好像動起來的錯覺。

《清淨道論》說：「因為不注意生滅，因此只要被連續所覆蔽，無常相就不現起。」禪修者觀察每個生起，一切精神與物質對他顯現為分開、片段，而非整體、完整的事物。就像從遠處看，螞蟻排成一條線，但是近看就看到一隻隻的螞蟻。禪修者看清事物為分開的片段，所以對他來說「連續」動作，不能覆蔽事實，無常相展現於他眼前，讓他不再有錯覺。

「一旦掌握生滅，破除了連續，無常相的真正特性就顯現了。」這就是如何禪修和獲得審察無常智慧的方法。然而，如果只有省思而不禪修，並不會生起這智慧。一旦生起這智慧，苦與無我的智慧，隨之生起。

《增支部》上說：「彌醯！照見無常的人，建立起無我想。」這段話提醒我們不能將清楚知道是生滅的事物，作為個人、自我；其實，人們之所以執著於「自我」，主要是因為他們認為自己一生都是同一個人，一旦親身經驗到生命是不斷生滅的事物，將不再執取成「自我」。

或許，有人會說，此經典只適合彌醯一人，然而，以上說法並不正確。因為，在《正覺經》中，亦寫道：「諸比丘！照見無常的人，建立起無我想。」

另外，一個人如果體悟了無常，也會體悟苦，而且，體悟事物如何生滅的禪修者，能看到生滅這二件事，正一直在壓迫著他。

淡樂 看自己

人們之所以執著於「自我」，主要是因為他們認為他們一生都是同一個人，一旦親身經驗到生命是不斷生滅的事物，將不再執取成「自我」。

5

你為何會跟內心的自己打架

活到這把年紀
才發現真理

關於觀察壞滅為無常、苦、無我的智慧，我想轉述一位禪修老師在他的故鄉雪布地區謝昆村，親身經歷的一位禪修者的禪修故事。

故事中的這位禪修者是禪修老師的表兄弟，也是該村裡最先參加「內觀禪修」三位成員其中的一位，雖然，禪修老師的表兄弟跟其他兩位參加「內觀禪修」的同伴，同意在禪修老師的教導下，勤奮修習一個禮拜，但卻不忘帶了雪茄煙和煙草塊到修習的隱居處，但當一個禮拜的禪修結束時，他們帶回了完封不動的七塊雪茄煙和煙草塊。

因為，禪修老師的表兄弟跟其他兩位參加「內觀禪修」的同伴，在禪修期間，非常用功修習「內觀」功課，以致於在三天內，獲得觀察發生在身心生滅過程的體悟，他們非常喜悅地說：「想不到這麼老的年紀，才發現真理。」

由於，他們是村子第一批開始禪修的人，這位禪修老師想讓他們高興，因此，只告訴他們繼續注意，並沒有告訴他們要注意內心生起的喜悅，因為只要提醒他們注意內心生起的喜悅，這個喜悅就會滅去，他們就會進一步體會到讓自己快樂的「喜悅」終究是「無常」的⋯但這也導致他們在爾後的四天，雖然還是繼續用功，卻沒有再獲得進一步的成果。

幾天的休息後，他們三人再來參加另一個禮拜的禪修。這位禪師的表兄弟體悟到觀察壞滅為無常、苦、無我的智慧。他告訴禪師，雖然他注意「上升、下降、坐」，但是見不到腹部的形狀，他的身體好像不見了，所以他需以手觸它，以便知道它還存在。並且，任何時刻他觀或看，一切都似乎在消融與分裂。他所看的地面在消融，樹也是這樣。這些和他認為事物所應有的原理相反，讓他開始疑惑。

因為，他不曾想過這些長年才形成、粗糙的事物，如地、樹、木材等，會持續地分裂，他認為它們應該在一段時間後才會滅壞。但它們卻在他眼前滅去、分裂。這些與他以前所認為的相反。他甚至認為，可能他現在見到的是錯的，或者是他的視覺有問題。因此，他將他的疑惑向禪師告知，禪師對他解釋，他體悟到一切所見的滅去和分裂都是對的。因為，當練習從內在看自己的「內觀」更加敏銳和快速時，不需禪修於事物，就能見到它們的生滅。

淡樂 看自己

當內觀智慧隨著禪修而增強，現象的生滅會自然地呈現，而不需特別地禪修。因為，當練習從內在看自己的「內觀」更加敏銳和快速，不需禪修於事物，就能見到它們的生滅。

有了因
才會有果

當從心靈「內太空」來練習看自己的「內觀智慧」變成你智慧的一部分，它將勝過那些邪惡的思維。你見到事物的真相，是無常、苦、無我。但沒有經過訓練的心或沒有禪修的省思，不能讓你真正洞悉事物的實相，你只會看到你想看到的事物表相，以及那些長得很像真相的假相。

一旦你體悟無常，你會見到它們如何以生滅來壓迫你，你無法從它們身上獲得快樂，它們也不可能成為你的心靈歸宿，因為，它們可能在每一刻的瞬間毀滅，它們是可怖的、是苦的等等。

還沒有開始禪修前，你可能在內心思索著：「這身體不會這樣毀滅，它將持續一段很長的時間。」但是在禪修之後，你會發現之前的想法不切實際，因為任何身體，都只有持續的生滅。如果身心滅去後，沒有新的生起，人就死了，而這種現象，隨時都可能發生。

如果在任何時刻，都可能死亡的身心中，認為有個「自我」，並想在其中找尋自己的歸宿，是件可怕的事，這就像在要倒塌的舊屋內尋求遮蔽一樣。

你以為可以隨你的意願走、隨你的意願坐、起身、看、聽、做你任何想做的。現在當你禪修之後，你會發現沒有事物，會隨你的欲望發生，「心想事成」只是一句安慰那些不如意的人的善意謊言，因為，事物只隨著它們的自然性質，並不會受到任何人的控制。

也就是說，只有當有意念要彎曲時，才有彎曲，只有當有伸展的意念時，才有伸展，只有當有事物可看時，你才看到；當有事物可聽時，你才聽到；只有當有高興的理由時，你才會高興，以及當有憂慮的原因時，你才感到憂慮。換言之，有了因，才會有果。

因此，你無法控制或阻止它，沒有任何事物活著，能如自己的意願進行。因為，沒有「個人」、沒有「我」，只有生滅的過程。

在內觀禪修中，最重要的是清楚地了解。當然，在練習的過程中，你會經歷喜悅、寧靜⋯⋯但這些都不重要，重要的是了解無常、苦、無我才是生命的實相。

淡樂 看自己

你以為可以隨你的意願走、隨你的意願做你任何想做的。現在當你禪修之後，你會發現沒有事物，會隨你的欲望發生，「心想事成」只是一句安慰那些不如意的人的善意謊言。

沒有執著，就不會對事物產生渴望

有位哲人說：「自己的一個體會，勝過大師們所講的一百句大道理。」因此，在「修習內觀」的過程中，必須自己將問題搞清楚，而不是只會相信一些大師們告訴我們的道理，如果初學者，還未有這種認知和智慧，就要知道自己還未達到該到達的階段，要繼續努力，並且要告訴自己，別人能，自己也一定能。如此一來，不用花很長時間，智慧便會在禪修時出現。

只有當你確知一切是無常、苦、無我，才不會執取不該執取的事物，也才不會執取它們是「個人」或「我」，進而才不會一直認為有一個「我」正在喝下午茶、有一個「我」正在看這本書名叫做《練習看自己》的書。

如此一來，一切執取將袪除，以及體會到之前的一切煩惱痛苦都是杞人憂天，因而達到讓煩惱與痛苦止息的境界。

「無執取者不渴望事物，不渴望事物者，自身獲得安寧。」這句話翻成白話的意思，是說沒有執著的人，就不會有對事物的渴望，沒有對事物渴望的人，就可以讓自身獲得寧靜。

然而，如果你可以讓自身獲得寧靜，每當你禪修，便不會被所注意的對象纏住，因此，也就沒有執取生起。而不執取於所見、聞、嗅、吃、觸或所覺知的東西，它們便會一個個生起，而後滅去，進而顯現出無常，無物可執著的狀態。

而達到無物可執著狀態的我們，會體認到它們以生滅壓迫自己。它們都是苦的，沒有什麼快樂、美好可執取，如果你清楚地知道，沒有執著，就不會對事物產生渴望，就能讓自己進一步體悟讓煩惱痛苦止步的境界。

人若禪修於出現於六根門（眼、耳、鼻、舌、身、意）的精神與物質（身心）對象，知悉它們的內在性質是無常、苦、無我，也就不會對它們有所喜悅。因為，你不執著它們，所以不會對它們生起享受之心。因為，你不再造作於享受它們，所以不會生起稱為「有」的業力；沒有業力，即沒有新的「生」，沒有新的「生」，也就沒有「老、死、愛」……等等會生起煩惱痛苦的因素。

然而，這就是一個禪修的人，如何以內觀之道於禪修時，體悟讓一切煩惱與痛苦止息的智慧，所必須要具備的認知。

淡樂 看自己

「無執取者不渴望事物，不渴望事物者，自身獲得安寧。」這句話翻成白話的意思，是說沒有執著的人，就不會有對事物的渴望，沒有對事物渴望的人，就可以讓自身獲得安寧。

你為何會跟內心的自己打架

有句話說：「我們經常在內心製造將手腳銬住的手銬。」的確，一個人要獲得安身立命的智慧，必需從透過內在心靈「看自己」的「內觀之道」開始。但在「練習看自己」的過程中，往往會經歷受制於審察事物、思維它們的階段，而自認為有學識的人，經常花很多時間在這個階段。

如果不想被「審察」或「思維」拖住腳步，就要繼續禪修，如此一來，覺知就會變得輕快，會非常清楚看到所注意對象的生滅，只要進入這個階段，你會變得容易注意，進而生起意想不到的經驗，例如會感到愉悅和快樂。

在開始用功的階段，禪修者要辛苦地使心不到處飄蕩。因為，心如果習於飄蕩，大部分的時間，無法禪修，且會感覺沒有一件事情對勁，有的人遇到事情，甚至還會跟內心的自己打架。

但是，只要擁有強大信念、正確的意念和決心，便可通過這些困難的階段，並達到毫不費力地注意，令人產生愉快的感覺，以及充滿喜悅並起雞皮疙瘩，進而身心感到非常輕鬆和愉悅。另外，所要注意的對象，好像自動地跌入自己的「注意」之中，而自己的注意力也好似自動地落到要注意的對象上。而且，每次注意某件事物時，覺知都變得非常清楚，對於以前聽過的無常、苦、無我，頓時，都變成非常明白的東西。

禪修的訓練有如爬山。你從山腳下爬起，很快地就感到疲倦，你問下山的人，還要爬多久才會到達山頂，他們通常會用鼓勵的話語告訴你：「快到了！快到了！」雖然疲倦，你繼續咬著牙往上爬，不久你到達一處有樹蔭的地方休息，涼風吹來，你的疲倦消失了，週遭的美景吸引你，在這個瞬間，你體悟到一切發生在身心生滅過程的智慧，頓時，你原本疲憊的心靈，獲得真正的休息，你在恢復精神之後，身心輕鬆地繼續往上爬，進而讓自己達到更高的內觀智慧。

而那些尚未達到這個智慧階段的禪修者可能會失望，好多天過去了，還沒體悟到內觀的滋味。他們因此感到氣餒，離開禪修的地方，並認為禪修毫無益處。因此，禪修老師必須鼓勵禪修的初學者，其實，禪修沒什麼訣竅，只要肯努力用功，便能獲得禪修的真正智慧。

淡樂 看自己

在開始用功的階段，禪修者要辛苦地使心不到處飄蕩。因為心如果習於飄蕩，大部分時間，無法禪修，且會感覺沒有一件事對勁，有的人遇到事情，甚至會跟內心的自己打架。

厭倦曾經認為「很好的」東西

「禪修的人追求讓一切煩惱與痛苦止息的境界。」時常被稱為非凡的喜悅或超乎想像的快樂，而這種快樂和喜悅，甚至超越人們從事業、財富、家庭生活獲得的各種快樂，某位禪修者曾說，他曾經放縱於各種世間的快樂，但沒有一樣可和他從禪修所獲得的快樂相比，他無法形容它多麼令人喜悅。

但這就是「禪修」的一切嗎？不是，你還是要繼續用功。你繼續地注意，當你的禪修有了更上層樓的進步，不再現起形色時，你會發覺它們一直消失。

當你注意任何生起的時候，它們當下就消失。你注意看的時候，它迅速消失。你注意聽的時候，它就消失。你注意彎曲、伸展，它也迅速消失。而且，不只是生起的對象，它的覺知也一起生起和滅去。

有句話說：「現在你討厭的東西，可能是你以前非常喜歡，甚至是沒有它就活不下去的東西。」其實，每個人應該都曾經有過現在討厭的東西，卻是以前非常喜歡的，譬如，有些人非常討厭聞到香菸的菸味，但這些人往往在以前可能都是一天要抽一、兩包香菸的癮君子。相同的道理，在禪修的過程，每次你「注意」某種身心現象，它們迅速壞滅。經過一段長時間，照見此現象，你會對它們開始感到畏懼，甚至開始對這些現象感到厭離。

你的色身，以前是令人感到喜悅的，不論是坐下或起身、彎曲或伸展……一切好像很合己意。你認為你的色身是一個可靠、可喜的東西。現在，你禪修於它，看到一切在壞滅，你不再認為它可靠、可喜，而只是一個單調、無趣，甚至是可厭的東西。

你曾享受過愉悅的身受與心受，你如此想著：「我正在享受」、「我感到快樂」。但現在你對這些感受不再感到愉悅，甚至對它們感到厭倦。

你曾樂於思考，曾認為你辨別事物的「想蘊」很好，以及認為當你想著「我坐、我起身、我去、我行動」的「行蘊」很好，但是現在當你注意它時，它就滅去，你對它們開始感到厭倦……

然而，這並不是「得不到的東西最美好，一旦得到手之後，就不懂得珍惜，甚至開始感到厭倦。」的心理在作祟，而是我們透過從內在「練習看自己」的內觀禪修，看到事物壞滅的實相。

淡樂 看自己

你繼續地注意，當你的禪修有了更上層樓的進步，不再現起形色時，你會發覺它們一直消失。當你注意任何生起的時候，它們當下就消失。

到底是「解脫」還是「逃避」

當你好不容易逃離了一個不喜歡待的地方、一件不喜歡做的事，或是一個不想見的人，會大鬆一口氣說終於解脫了⋯但這到底是「解脫」還是「逃避」？其實，「解脫」和「逃避」最大的不同處就在於「逃避」只是讓你暫時不用去面對不想面對的問題，而「解脫」則是你終於解決長久以來，讓自己傷透腦筋的問題。

其實，任何人事物，一旦你厭倦它們，就會生起棄除它們的欲望，想要棄除它們，就會心想「它們不好，它們最好一切都止息。」這就是想要解脫的智慧。而此處的「一切止息」，簡單的說就是讓一切煩惱痛苦止息的境界。

一個人如果想達到讓煩惱痛苦止息的境界，應該怎樣做？他要更努力不斷地禪修，隨時觀照審察週遭的一切，如此一來，無常、苦、無我的特性，就會變得特別清楚，尤其是苦。

因為，審察之後，你將不需費力，就能很順利地集中注意力坐下來禪修，就像一個時鐘上發條後，就可自動地走。並且，在一個小時左右的時間，不需改變姿勢，也能讓自己繼續禪修，而不中斷，有些人甚至可以不中斷地連續禪修兩三個小時，身體也不會感到厭倦。

然而，在獲得此種智慧之前，可能有所干擾，你的心可能被引向聽到的聲音、你的念頭可能飄蕩他處，以及你的身體出現了痛的感覺，如疲倦、熱、疼痛、癢⋯因而使禪修受到干擾。但現在一切都很好，你可能聽到聲音，但你不理它們，並繼續注意，你注意任何生起，而不受干擾，心不再飄蕩。

當你遇到不愉悅的對象，你不會覺得苦或恐懼，甚至很少出現疲倦、熱、痛、癢的痛苦感覺，即便有出現，它們也不會像之前，那麼難以忍受。

一旦你獲得這種智慧，癢、痛和疲倦⋯等感覺即消失，有些人甚至治好了嚴重的疾病，即使病沒有完全治好，也會感到一些紓解；如果在炎熱夏天，當他人因強熱而難耐時，具有這種智慧的禪修者，將不會感到懊熱。

不過，這雖然是一種非常好的內觀智慧，但也可能有危險，例如過份的擔心、野心或執著，如果無法祛除這些擔心、野心或執著，你就不會進步⋯

淡樂 看自己

如果想達到讓煩惱痛苦止息的境界，應該怎樣做？要更努力不斷地禪修，隨時觀照審察週遭一切，如此一來，無常、苦、無我的特性，就會變得特別清楚，尤其是苦。

只有在發生後
你才知道自己到達

在禪修的過程中，難免會受到外界瑣事的干擾，因而擾亂了自己的思緒，這時，我們可以試著讓自己的心念，洞視所注意對象，並集中專注，來穩定自己的「注意力」，進而讓自己正確學習如何收攝散亂的思緒，接著，再配合專注的注意力，朝向所注意的對象。

有句話說：「因誤會而結合，因了解而分開。」其實，這句話的意思是說當我們開始深入去瞭解和注意一個人的一言一行之後，將會發現以前沒有發現的缺點，進而發現這個人，其實並沒有自己原本認為的那麼美好。

因此，在《註疏》上面，才會提醒我們必須將心置於所注意的對象。因為，只有將心專注於所注意的對相，才能進一步體悟到所注意的對象，只是運動、非認知、只是看、認知、只是生滅、只是無常等，沒有好壞之別，也沒有愚智之分，進而讓這種體悟，構成我們在禪修的正確道路上，進行觀察真理、斷除一切不該生起煩惱的進修學習。

然而，構成自我約束、排除干擾學習，有三項要領：

說話之前，必須「三思而言」，別讓自己「禍從口出」。

讓自己的所做所為合乎正確的規範。

以正確的生活方式，獲得生活需要的事物，而不是想要的事物。

而以上這三項，在你遵守修行紀律，步入練習看自己的「內觀禪修」之前，應該已經具備。因為，在禪修的每一個覺知中，只要你確實做到滅除執取，這些自我約束、排除干擾學習的規範，就會在無形中出現在你的日常行為，進而，還會讓你進一步擁有觀察各種行為的智慧。

當這種智慧成熟、茁壯時，你的注意力，將變得更敏銳與快速，甚至，可能在瞬間，你會意外地到達讓煩惱止息的安祥境界，而這種意外是相當奇妙的，因為你事先並不知道你將到達這個境界，而且你也不能在它到達之時，加以省察，只有在它發生後，你才知道自己到達了。

對於沒有參與禪修的平常人，執取隨處生起，且他們往往會執取不該執取的事物，因而，將自己的偏好和成見當成自己所謂的堅持和執著。因此，如果要到達讓煩惱痛苦止息的目標，重要的是努力脫離執取。

淡樂 看自己

只有將心專注於所注意的對象，才能進一步體悟到所注意的對象，只是運動、非認知、只是看、認知、只是生滅、只是無常等，沒有好壞之別，也沒有愚智之分。

你可以決定來世將投生那裡

根據《註疏》上記載，當佛陀傳法時，他的聽眾在聽聞開示時，瞬間獲得覺悟，有時佛陀開示之後，甚至有八萬四千人覺悟。因此，有人說：「獲得覺悟看來非常容易，但是為何我們那麼用功禪修，卻毫無所獲呢？」

在此，我們應了解《註疏》只說出當時的情況，並沒有仔細說明聽眾的資格。因為，說法的是佛陀，而不是別人。因此，他的聽眾都是已經具備功德的人，當然開悟的人會較多。接下來，我們就用以下的故事來說明。

有一次，佛陀在阿羅毗城（現今的阿羅哈巴）開示，講題是念死。他要聽眾記住「我的生命不持久，我一定會死亡，我的生命以死作終結，死亡是無法避免的，我的生命不確定，死卻是肯定。」

在阿羅毗城聆聽佛陀開示的聽眾中，有一位十六歲的女織工，她在聽完佛陀的開示後，從此，開始培養面對死亡的正念。三年後，佛陀再次到阿羅毗城，當佛陀坐在聽眾當中，他看到這個女孩向他走來。

佛陀問：「年輕女孩，妳從那裡來？」女孩回答：「世尊，我不知道。」

佛陀問：「妳要到那裡去？」女孩回答：「世尊，我不知道。」

佛陀問：「妳不知道嗎？」女孩回答：「世尊，我知道。」

佛陀問：「妳知道嗎？」女孩回答：「世尊，我不知道。」

女孩語畢，大家看不起她，認為她對佛陀不敬。佛陀於是叫女孩解釋她的回答。她說：「世尊，佛是不閒談的，因此，當您問我從那裡來，我心想您的問話應有特別涵意，您應該是問我前世從那裡來？這個我不知道，所以，回答『不知道』；當您問我要到那裡去？您是指我來世將投生那裡。這個我也不知道，因此，回答『不知道』；然後，您問我難道不知道會死？我知道會死，所以，回答『知道』；您再問我是否知道何時會死？這個我不知道，因此，回答『不知道』。」佛陀對她的回答，非常讚嘆。

沒錯，我們可以確定自己將會死，但卻不能確定何時將死；我們不知道自己前世從那裡來？但或許可以知道自己的來世將投生那裡？亦就是如果我們今世所做的善行多，將到善界；如果惡行多，將到惡界。因此，我們應盡力行善，最好的方法是投入內觀禪修，使自己將來永遠脫離惡道。

淡樂 看自己

我們不知道自己前世從哪裡來？但或許可以知道自己的來世將投生哪裡？亦就是如果我們今世所做的善行多，將到善界；如果惡行多，將到惡界。

想向人開示，也要懂得「因材施教」

有時候，同樣一套的教學方法，不一定適合所有的學生，因此，必須針對每個學生的興趣、資質以及能力等具體情況來「因材施教」。

當佛陀住在舍衛城的祇樹給孤獨園時，每天都集會說法，舍衛城的人民在傍晚時，穿著乾淨的衣服並帶花和香來聽聞佛法，當佛陀住在王舍城的竹林精舍時，也是如此。然而，這些有機會聽聞佛陀開示的人，都是具備功德的男女信眾，他們在聽聞佛法後，禪修並守戒，再加上佛陀以適合這些信眾的根性來開示，因此，才會有註疏記載，數以千計的人們，在佛陀開示後覺悟，以下我們就來舉幾個佛典記載的佛陀用適合信眾根性來開示的實例。

曾有一位叫周利槃陀迦的比丘，他花了四個月，還是無法背誦一個有四十四個音節的佛句。他的哥哥摩訶槃陀迦感到不耐煩，並叫他回去。佛陀叫他來，給他一塊布，指示他拿著這塊布並重複唸著「祛除污穢，祛除污穢。」

這位比丘遵循佛陀的教導，只花兩、三個小時，便覺悟到自己身心的特性，並在瞬間開悟。而他如此容易獲得覺悟，主要是因為他被授予一個適合他根性的禪修主題。

再譬如，有一次，舍利弗尊者的一個弟子禪修於身體的不淨，四個月卻無所獲，舍利弗尊者便帶他去見佛陀，佛陀以神通力顯現一朵金蓮花給這位比丘。由於，這比丘的前五百世都是金匠，喜歡漂亮的東西，不喜歡不淨的東西。因此，當他看到金蓮花，內心感到喜悅，並且在看到的瞬間開悟，接著佛陀使蓮花凋謝，他便又立即體悟到事物的無常智慧。

最後再舉一個例子，闡陀長老因無法覺悟，因此，他請阿難尊者為自己開示，阿難尊者告訴闡陀：「其實，你是一位具備覺悟條件的人。」闡陀聞言，充滿喜悅，於是，他遵循著阿難尊者的教導，不久之後，就覺悟了。

現今有些禪修老師不知如何配合禪修者的根性來教導，他們說了不適合的語句，結果，本來有希望悟道的禪修者，氣餒地回家，但有些禪修老師，懂得如何因材施教，讓他的弟子原本想只在禪修地方住幾天，卻因獲得初步禪修成果，受到鼓勵，因而，繼續住到獲得圓滿的禪修成果。

由此可知，配合禪修者的根性，來「因材施教」是非常重要的。

淡樂 看自己

有時候，同樣一套的教學方法，不一定適合所有的學習者，因此，必須針對每個學習者的興趣、資質以及能力等具體情況來「因材施教」。

練習看自己

6

心是人生最大的戰場

欲知來世事
今生做的事

如果你無法現在覺悟，只要繼續禪修，不久即可達成，即便你是一個不曾禪修過的人，如果現在開始用正確的方法，在適合的時間禪修，亦將有覺悟的一天。然而，禪修的最終目的，無非是想告訴我們：「欲知前世事，今生所受事，欲知來世事，今生做的事。」

有一天，有位商人邀請一些比丘到他的住家吃飯，用完餐後，主持的比丘就向這位商人祝福說道：「因供僧的善行，施主可投生於讓生活充滿喜樂，有華麗宮殿和漂亮花園的天界……」

語畢，比丘見這位商人的臉上，並沒有特別歡喜的回應，於是，接著向商人問道：「施主，你不想投生在天界嗎？」

商人回答：「不想！我不想投生在天界。」

比丘感到驚訝地問：「為什麼？」

商人回答：「我不要在其他地方，我只要在我的家、我自己的地方。」

比丘說道：「好的，那麼你將投生在你的家、你自己的地方。」

這比丘是對的，一個人的業力，將引領他到所要去的地方。

或許，有些人會如此地問道：「一個印度人死後，只能投生印度嗎？」

其實，答案並非如此，一個行善的人可在任何地方投生；一個印度人死後，不一定只投生印度，還可望投生其他地方，例如其他國家富有的人們，可能以前是印度的虔誠佛教徒，因這些虔誠佛教徒在印度行善，但印度那裡，沒有足夠的富有父母，在他們的來世接納他們，所以他們投生其他國家。

然而，不論你投生那裡，不論你在投生的今生（或來世），只是一位平凡人，你都需跟著你的父母信仰那裡的宗教，且要修到對佛、法、僧的信念不動搖的階段，這點很重要。

現今，投生人界並非很好，生命短暫、疾病很多、意識形態混亂、危機遍佈。因此，假如你不想投生人界，想要投生天界，並非不可能，例如有位王舍城人般達克，因為供養一匙米飯給僧團，便獲得投生天界的機會。

因此，只要你布施和認真遵守應該遵守的規範，並好好禪修，你就會在來世，投生到你想要去的地方。

淡樂 看自己

禪修的最終目的，無非是想告訴我們：「欲知前世事，今生所受事，欲知來世事，今生做的事。」

如何才能脫離一切輪迴的苦

佛陀知悉一切佛法，證悟了超越生死、讓一切煩惱痛苦止息的境界。他教導佛法，使眾生能像他一樣，享受讓煩惱消失的快樂；因此，應該信賴佛陀，相信遵循他的教導，將脫離一切苦難，就像當我們生病的時候，應該信賴醫生，並且相信：「這位醫生是專家，可以醫好我的病。」一樣。

以下要舉一個因信賴和遵循佛陀的教導，因而脫離一切輪迴的痛苦，投生天界的故事。

根據佛典記載，佛陀住世時，在中印度有一個名叫布薩的女子，她依照佛陀的教導生活來禪修，並因此覺悟。當她死後，投生天界。在那裡，她住在一個大宮殿裡。有一天，目犍連尊者遊歷諸天界時遇到她。由於，佛陀那個時期的比丘有完美的高尚智慧，並擁有神通力，他們可到諸天界遊歷，或以他們的天眼看、以天耳聽。

因此，目犍連尊者經常以神通力到天界遊歷。他經常訪問住在天界的天人，他們如何生到天界？亦就是他們做過何種善事，使他們得到這麼好的生活？當然，他可以不用親自去那兒，就可以知道他們的故事，但是，他希望聽他們親口講述自己做過那些善事，當目犍連尊者來到布薩天女的宮殿附近，布薩天女在宮殿外向他行禮。

目犍連尊者問她：「妳在人間曾經做過什麼善事，讓妳可以獲得投生天界，過著如此美好的生活？」

天女回答：「我曾是一個名叫布薩的女子，我因聽聞佛陀的教導，對他的教導充滿信心，因而，成為皈依三寶的在家信徒。」

然而，布薩所講的「皈依三寶」，指的就是「皈依」佛、法、僧。一般修習佛法，皈依三寶的人，通常會唱誦著「我皈依佛，我皈依法，我皈依僧。」

但是，現今一些人似乎不懂皈依的涵義，他們之所以唱誦著「我皈依佛，我皈依法，我皈依僧。」都是因為父母或老師要他們唱誦，但這是不對的。

我們應知道「我皈依佛，我皈依法，我皈依僧。」的其中涵義，然後，在心裡想著，並且慢慢地用心唱誦著，如果不能常做，至少偶爾也要做一次，總之，只要經常唱誦著，並信賴佛陀教導，將使自己脫離一切輪迴的苦。

淡樂 看自己

當你生病時，應該信賴醫生，並相信：「這位醫生是專家，可以醫好我的病。」同樣地，你也應信賴佛陀，知道遵循他的教導，將讓自己脫離一切輪迴的苦。

了解所有的生滅都是苦

有位哲人說：「無知的人，不知道自己正在嘲笑的事情，正是自己最欠缺的東西。」上一篇提到的布薩天女，除了遵循佛陀的教導，也做其他善業。

她說：「我布施、我遵循著佛陀所教導的生活規範。」那些不懂佛法的人，常常不以為然的說佛陀規範的生活公約：「過午不食，只是挨餓，如此而已。」

但這些不懂佛法的人不知道：「克制貪吃的貪念，可培育出善心。」但是，他們卻知道禁食對病人有益，並稱讚它，因為，他們只了解現時的自身利益而已，完全忽略了心靈與來世。

其實，遵守佛陀規範的生活公約，是為了避免讓諸如殺生、偷盜、淫欲、妄語、飲酒……等等的壞事在自己的日常生活中發生，並且，可以適時地培育自身的善行，像節約……等。

因此，當你餓的時候，你可以想著佛陀規範的生活公約，然後控制自己的心識，試著讓自己脫離餓的煩惱，進而告訴自己這是善行，當善行在心中生起，心就會變得清淨，這種感覺就猶如當你生病時，禁食並淨腸。

如此一來，你的心清淨了，當你死時，一顆清淨的心識，會持續下去，而這顆清淨的心識，就會帶著你在來世，投生為人，甚至投生為天人。

前述故事中的布薩天女接著說：「我獲得住進這宮殿的資格，是因為節約和布施。」在此，「節約」是非常重要的。即使在這世上，如果不懂得節制開銷，不僅會變窮，甚至還會因揮霍，讓行為不檢點，進而感染疾病或犯下罪行。至於為了來世，「節約」更是重要，因為，它能清淨你的內心。

布薩天女說：「我知道生老病死的所有煩惱都是由貪、嗔、癡所引起的，要想祛除煩惱，就要消滅「貪、嗔、癡」這三個產生煩惱的原因，如此才能讓自己完全解脫，達到讓煩惱痛苦止息境界的真理，一旦你親身了解這些真理，你就可以成為像佛陀一樣的人。」

然而，上述的真理，必須是要自己親身體悟，而不是只是從聽聞得來，亦就是說，要好好了解它們、捨棄應該捨棄的、體悟所有生滅都是苦，如此一來，當你「注意」時，你將會看到它們如何生滅，它們如何構成苦，以及如何達到讓煩惱痛苦止息的境界……進而讓自己因而悟道。

淡樂 看自己

要好好了解它們、捨棄應該捨棄的、體悟所有生滅都是苦，如此一來，當你注意時，你將會看到它們如何生滅，它們如何構成苦，以及如達到讓煩惱痛苦止息的境界……

只要「注意」就沒有煩惱

當你禪修時，可能會執著於禪修的對象，這是以捨離之方式來了解。而省思時，你對已經看清的無常、苦、無我的對象，不起執著，因為它已止息。

任何時候你只要「注意」，就沒有煩惱、沒有業力，因此，對所注意的對象不會生起苦。所有的苦都會熄滅，而這種苦的熄滅，是必須以每一個「注意」來親自體驗的。

每次你禪修，對身心實相，沒有好壞之別、愚智之分的心念就會生起。然而，一旦生起沒有好壞愚智之分的心念，正確的思考，也伴隨生起。

因此，假如你了解身心是苦，假如你捨棄痛苦之因的貪愛，假如你體悟苦滅……我們就會說：你已了解知道它們如何生滅，它們如何構成苦，以及如何達到讓煩惱痛苦止息的真理，因此，當前一篇故事中的布薩天女說她知道這個真理，她的意思是她已經親身體驗，因而，獲得從內在練習看自己的「內觀智慧」。

假如你不是像佛陀一樣的人，你的智慧不能知道什麼人像佛陀一樣，就像未剃度加入僧團的人，不能知道比丘的行為和生活，亦像未曾禪修的人，不知道禪修者的修習生活一樣。

禪修時，你必須經由親身體驗來了解無常、苦、無我的智慧，這才是真正的了解，若是從別人那裡聽聞來的，就不是真正了解。

如此可知，想要成為像佛陀一樣的的禪修者，當他走路時，必須覺知「我在走路」，注意「走、走」，或「提起、前移、落下」，因為，當他這樣走路時，無論何時他注意，專注就此生起。換言之，如果你清楚走路的意向、走路的身體，以及覺知的生滅，而且，不論任何時候，你都「注意」，專注所產生的智慧就會從此生起。

同理可證，想要成為像佛陀一樣的的禪修者，當他感覺苦受時，他覺知「我感覺苦受」，注意「熱、熱」或「痛、痛」，並知道感受的生滅；當他貪心生起時，他覺知它是貪心，而且，每次念頭或觀念生起時，注意「執著、喜悅」，並知道它們的生滅；當他一個欲念生起了，覺知到「我有欲念」，注意「欲念」，這個禪修者便能知道像欲念等習性的生滅。

淡樂 看自己

假如你不是像佛陀一樣的人，不能知道什麼人像佛陀一樣，就像未剃度加入僧團的人，不能知道比丘的行為和生活，亦像未曾禪修的人，不知道禪修者的修習生活一樣。

越「注意」

就越靠近禪修目的

如果你想學會游泳，光是在岸邊聽游泳教練解說，而不親自下水練習，是不可能學會游泳的，相同的道理，在禪修過程中，對任何禪修理論，也都必須親身體驗和了解，因為，當你「注意」時，你會發現你正盡力棄除已經生起的惡習，或阻止尚未生起之惡習，你會發現你正培育尚未生起或已經生起的內觀智慧和善行。

再回到前面篇章，布薩天女的故事。她說：「我是佛陀的在家女信徒，但我在人世時，常聽到天界的歡喜園，並想要到那裡去，結果，我投生到歡喜園。」

歡喜園是天界一個花園的名稱，在那個時候，人們談論歡喜園，就像現今人們談論美國或歐洲一樣。

而布薩聽到人們說歡喜園，並希望投生在那裡，因此，她在那裡投生。但是現在她在那裡並不快樂。她對於所獲得的感到不滿意。她告訴目犍連尊者：「我沒有遵循佛陀的話，卻把心轉向這個低屬天界，現在我充滿懊悔。」

佛陀教導我們，任何種類形式的生命都是不好的，都只是苦。他教我們用功，直到苦盡。但布薩忽略了佛陀的教導，只期望天界的生活，現在她體會到她錯了。但是，你可能會問：「為何不在天界用功，使苦完全滅盡？」問題是在那裡不容易禪修，因為天人時常唱歌、跳舞和尋樂。在那裡沒有一個地方，像在人間的寧靜，即使人間，當禪修者回家，也不能好好禪修，因此，現在就要好好用功。

其實，有很多像布薩的天人，他們在佛陀住世時，都像我們一樣已修習佛法。而修習佛法，是一條想做像佛陀一樣的人需走的路。你要知道每次你一個「注意」，你就走在這條路上，你的每一個「注意」，使你更接近煩惱痛苦止息的目的，就像旅行者的每一步，正逐漸接近目的地一樣。

若是有人跟你說：「只要一萬個注意，便可達到禪修的目的。」假如你現在有一千個注意，那你還需九千個注意；假如你已有九千個注意，那麼你只剩下一千個注意；假如你已經有九千九百九十九個注意，那麼你的下一個注意，就可以達到目標。換言之，你越「注意」，就會讓自己越靠近禪修目的。

淡樂 看自己

修習佛法，是一條想做像佛陀一樣的人需走的路。你要知道每次你一個「注意」，你就走在這條路上，你的每一個「注意」，使你更接近煩惱痛苦止息的目的。

心是人生
最大的戰場

有位哲人說：「心是人生最大的戰場。」我們心中時時要記住，修行是不容易的，尤其是修心，因訓練別的東西並不困難，但是人的心卻是難以訓練的，因為身、心系統每件東西，都集中到這顆心，眼、耳、鼻、舌和身接收到感覺，皆統一將它們送到心，所以，心也可說是所有其他感官的監督者。

因此，訓練心是非常重要的。如果心能好好訓練，一切問題便都能解決了。如果還有問題存在，那是因為這顆心仍然有疑惑，不懂得與真理一致。

體會到這一點，便可以開始來準備練習禪修了。不管行、住、坐、臥，無論在那裡，只要你想開始修行，它們就在那裡，就好像「佛法」是無所不在的東西，在陸地或在水中，無論在那裡，「佛法」早就一直在那裡。

雖然如此，心的訓練卻是困難的。為什麼困難呢？是由於有「欲望」，如果沒有欲望，便不會去修行，但如果由於欲望而修行，就又見不到佛法了。

大家好好想一想，如果不想修行，便不可能去修行，但為了真正去修行，首先我們必須想要修行。如此一來，不管前進或後退，都會遇到「欲望」，而這也就是為什麼我們會說修行是件非常困難的事。

但問題是，如果我們不修行，就不能了解佛法。坦白說，只讀它或研究它，是不能懂得佛法的，或者，雖然懂得它，但是依我們對它的瞭解，仍然是有所欠缺的。譬如，被我們用來吐痰的痰盂，每個人都知道它是一個痰盂，但是卻「不完全知道」這個痰盂。為什麼會說「不完全知道」呢？因為如果有人稱呼這個痰盂為鍋子，我們會怎麼認為呢？假設每次需要它時，那個人說：「請拿那個鍋子過來！」那必然會使我們困惑，因為，我們並「不完全知道」痰盂。

如果「完全知道」，就只會單純地拿起那個東西遞給那個人，因為，事實上並沒有什麼痰盂。瞭解嗎？它之所以是一只痰盂，完全是由於世俗給它的定義，而這個世俗定義被多數世人所接受，因此它便被人叫做「痰盂」了。

但是，並沒有任何真實的「痰盂」存在，如果有人想稱它為鍋子，它就是一只鍋子。換言之，如果「完全知道」痰盂，不管別人叫它什麼，都不會受到干擾，它可以是我們想叫的任何什麼……。

淡樂 看自己

心的訓練是困難的。為什麼困難呢？是由於有「欲望」。如沒有欲望，便不會去修行。但如果由於欲望而修行，就見不到佛法。如此一來，不管前進或後退，都會遇到「欲望」。

我們知道自己正在做什麼

修行為什麼如此困難而費力呢？因為有「欲望」。

只要我們一坐下來禪修，就想變得安詳。如果不想找到安詳，就不會想禪坐，就不會想去修行。只要我們一坐下，想要安詳的「欲望」，就會立刻出現在心裡，但是想要心寧靜，反而製造了混亂，進而讓自己的心，感到不平靜。

因此，佛陀說：「勿因欲望而言，勿因欲望而坐，勿因欲望而行……，你無論做什麼，勿以欲望而做。」欲望意即想要，如果沒有欲望，就不會想去做某件事，當我們的修行到了這一點，會在瞬間變得很沮喪，我們會心想，自己如何能修行呢？只要一坐下，就會有欲望在心頭生起啊！

譬如我們到市場買了一些椰子，當我們帶它們回家時，有人問你：「你買那些椰子做什麼呀？」你會不假思索地回答：「買它們來吃！」但如果這個人突然問你：「殼也要吃嗎？」你可能會一頭霧水地答道：「當然不吃！」

而這個人如果又接著用不以為然的語氣問你：「我才不信，如果你不吃這些殼，為什麼也買了它們？」那麼你會如何回答他的問題呢？

我們帶著欲望在修行。如果沒有欲望，就不會修行。帶著欲望修行是「愛欲」。你要知道以這個方式審察，可以使智慧生起。例如，前述故事中的那些椰子，你真的連殼也要吃嗎？當然不是！那麼，你為什麼還要攜帶著它們呢？因為，丟掉它們的時刻還沒到！而它們將椰肉、椰汁包在內部，是很有用的東西，但如果吃完了椰肉、椰汁，你把這些殼丟掉，那就沒問題了。

其實，我們的修行也像這樣。行、住、坐或臥，無論做什麼修行，雖然都帶著「慾望」，卻勿以欲望而做，亦就是做而不執著，就像從市場買椰子，我們不吃這些椰子殼（慾望），但因為還沒到丟棄它們的時候，所以我們先保留它們，修行就是這樣。

「修行」和「慾望」是共存的，就像一顆椰子，椰肉和椰子殼都在一起。我們買椰子時，買整顆，如果有人指責我們吃椰子殼，那是他們的事，只要我們知道自己正在做什麼，就可以了。

淡樂 看自己

無論做什麼修行，雖然都帶著「慾望」，卻勿以欲望而做，亦就是做而不執著，就像從市場買椰子，我們不吃這些殼，但因為還沒到丟棄它們的時候，我們先保留它們。如果有人指責我們吃椰子殼，那是他們的事，只要我們知道自己正在做什麼，就可以了。

修行是為了超越欲望

某位哲人說：「『立竿見影』是每個人連做夢都想夢到的『捷果』，這裡所講的『捷果』，就是快捷的結果。」因為，我們都沒有耐心、都很急。只要一開始，就想衝到終點，就想要成功，不想留在後面當「人生失敗組」。因此，有些人一旦決心禪修，往往會衝得太過頭。他們點香、禮拜，並且發誓：「只要這柱香還沒完全燒完，我便不起坐，即使倒下，甚至死在禪坐上，也絕對不起坐！」

然而，他們在發過誓後，便開始禪坐。但當他們一開始坐，魔眾便從四面八方來襲，他們才坐一會兒，便想著這柱香，想必燒完了。但當他們張開眼睛偷窺一下，才發現香要燒完，還要很長的時間！

他們咬緊牙根，又坐了一下子，感覺到熱、慌亂、激動、混亂，到了最後關頭，他們認為「現在，那柱香總該燒完了吧！」於是，又睜開眼睛偷窺了一下，赫然發現，那柱香甚至連一半都還沒燒到！就這樣三番兩次，這柱香依然仍未燒完，因此，他們乾脆放棄，生悶氣，坐在那裡開始跟心中的自己吵架，「我實在太差了，我真是無藥可救！」他們坐著恨自己，感到毫無希望。由於，他們不能責怪別人，因此，只好責怪自己不專注。

然而，為什麼會這樣呢？還不都是由於自己心中想要成功的「欲望」在作祟。事實上，我們禪修，並不需要經歷上述的那些。因為，「專注」的意思，是指不執著的專注，而不是使自己在內心打「結」的專注。

但是，我們讀過有關佛陀生平經典，看到他如何坐在菩提樹下，下定決心對自己說：「只要我還未悟道，即便身上的血乾枯了，也絕對不站起身來！」因此，我們也想跟佛陀一樣，卻沒有考慮到自己的「車子」只是一輛兩輪的腳踏車，而佛陀的「車子」卻是一輛四輪傳動的跑車，他能開一次就到達，但是，以我們必須要靠自己踩的腳踏車，怎麼可能一次就到達呢？

雖說，修行是為了超越欲望，但問題是，如果不欲求，怎麼能夠修行呢？其實，以欲望去修行是痛苦的，我們不知道該做些什麼，因而感到迷惑。但是，當我們經過努力禪修後，才逐漸體會到，必須先捨棄想獲得修行成果的欲望後，才能讓修行，達到超越欲望的目標。

淡樂看自己

修行是為了超越欲望，如果不欲求，能夠修行嗎？以欲望去修行是痛苦的。但是，經過努力禪修後，才逐漸體會到必須先捨棄想獲得成果的欲望後，才能達到超越欲望的目標。

不能放下的就必須處理它

或許，我們可以問問自己，這樣修行對嗎？當自己感覺好時才修行，而不是當感覺不好時才修行，這樣做，遵循了修行的法則嗎？它與教導一致嗎？

不管你覺得喜歡或不喜歡，都應該同樣地修行，大多數的人在修行前，都要先等待好心情，當他們感覺不喜歡時，就不管修行了，而這並不能稱做「修行」。真正的修行是不管快樂或憂鬱，都需修行；不管容易或困難，都需要修行；不管炎熱或寒冷，都必須修行。

真正的修行是，不管行、住、坐或臥，都要持續平穩地修行，亦就是使專注在一切姿勢中，前後一貫，但一開始我們可能會認為，這樣的修行，似乎必須要站和走的時間一樣久，走和坐的一樣久，坐和躺的一樣久，但實際上，這是不可能做到的事。

但是，如果在修行時，只需考慮到「心」，卻是有可能的。因為，只要在修行的時候，擁有專注、自我覺知和全面的智慧，亦就是站的時候、走的時候、坐的時候、躺的時候，都擁有專注，如此前後連貫，將「覺知」放在行、住、坐、臥所有的姿勢之中，才是我們真正值得修行的東西。

另外，「道跡」是修行過程中最重要的東西。那到底什麼是「道跡」？簡單地說，「道跡」可以解釋成「悟道的痕跡」，而且可區分為「身的道跡」和「心的道跡」，而「身的道跡」單純地就是我們行、住、坐、臥的不同活動…等等；「心的道跡」則是在禪修的過程裡，感覺到多少次情緒的低落？多少次情緒的高昂？

而我們必須循著自己的「悟道的痕跡」來練習看自己，如果有任何顯著的感覺從內心生起？就必須立即扪心自問，既然那些特別的感覺已經生起，我們能放下嗎？如果不能放下，必須處理它。當我們面對仍然無法放下某些特別的感覺時，則必須以智慧檢查它，進而找出原因，再來處理它。

例如，當我們感到熱心時，要放下；當我們感到懶惰時，也要放下。如果無法「全速」持續用修行來放下，至少也要以「半速」去做，不要一直懶散，甚至找各種藉口，不去修行，因為那樣做，並不是一位禪修者該做的事。

淡樂 看自己

我們必須循著自己的「悟道痕跡」來練習看自己，有什麼不能放下的，必須處理它。當我們面對仍然無法放下某些特別的感覺時，則必須以智慧檢查它，並找出原因處理它。

7

我們「知道」然後「放下」

不要急著向自己道喜

經常會聽到有人說：「啊，今年我真的不行。」但當我們用疑惑的語氣問他：「為什麼？」他則會用有點無辜的語氣回答：「因為，我一整年小病不斷，實在一點也不找不到時間來安心修行。」

如果因為生點小病，就不能修行，那麼當死亡臨近時，他還能修行嗎？如果生點小病，就不能修行，那麼當他無病無痛，更不會想去修行，因為，他只會迷失在安樂當中。

我們必須培養自己的修行，這意思是說，不管快樂或不快樂，都必須同樣地修行。如果你感覺安樂，你應該修行；如果你感覺有病，也應該修行。不要去想：「啊！今天太熱了！」或「今天太冷了！」或「今天……」。不管這日子像什麼，它就是它的那個樣子。事實上，你只是為自己的懶惰去責備天氣，但是真正想修行的人，就算天空「下刀子」，他還是照樣出門去修行。

然而，在修行過程中，有些人在禪坐時，可能經驗到一些安詳，但不要急著向自己道喜；同樣地，如果有一些困惑，也不要責備自己。如果事情看來很好，不要樂在其中；如果不好，也不要憎惡它們。只需從內在去看自己擁有什麼？而且只要靜靜地看，不用去判斷。如果它是好的，不要抓緊它，如果是壞的，不要執著它。因為，好和壞都會咬人，因此，不要緊抓它們。

另外，不要認為只要閉著眼睛禪坐就是修行。如果你這樣想，那麼趕快改變你的想法吧！其實，持續平穩地修行，是在行、住、坐、臥時，原本就該保有的修行態度。當禪坐起來時，要想著你只是改變姿勢罷了，如果你能以這種方式反省，你將擁有內在的安詳。無論在那裡，如果你都具備上述的修行態度，那麼你將在自己的內心，擁有持續平穩的「覺知」。

因此，要瞭解正確心念的重要性，瞭解正確的修行是持續平穩地不斷修行。不論行、住、坐或臥，修行都必須在內心持續地做，而不是在身上做。

如果內心有熱忱，便會有覺知，如果我們試著去了解心扮演著什麼角色時，將會發現心是最重要的東西，心是督導我們做每件事情的那一個「心靈糾察隊」！

淡樂 看自己

如果事情看來很好，不要樂在其中；如果不好，也不要憎惡它們。只需從內在去看自己擁有什麼，而且只要靜靜地看，不用去判斷。如果它是好的，不要抓緊它；如果是壞的，不要執著它。因為，好和壞都會咬人，因此，不要緊抓它們。

知道什麼是對的，什麼是錯的

在這個數位化時代，當我們要到一個陌生的地點，往往都會先在網路上搜尋這個地點的「電子地圖」，甚至會依照「電子地圖」規劃到達這個地點的最佳路線前往，相同道理，當我們剛開始接觸「禪修」，也必須有一張引導自己到達禪修最後目標的「心靈地圖」，因為，只有我們在有所依循的情況下，才能適切地修行，只有適切地修行，才不會讓自己在修行道路上迷路。

因此，在禪修過程中，必須依循老師的教導，例如，當我們結束禪坐時，要提醒自己，其實禪修並沒有結束，只是單純地改變姿勢而已，我們的心仍是安靜的，不論行、住、坐或臥，正確的專注都與自己同在。如果你擁有這種覺知，就能保持內在修行的「溫度」，當你再次禪坐時，修行才會繼續不斷。

不管我們正在談話或是做其他的事，都要試著使修行繼續。如果我們的心繼續地擁有專注和自我覺知，修行便會自然地發展，且會逐漸地集中。因為，它將知道什麼是對的，什麼是錯的。它將見到，在我們的內在，什麼正在發生，並且在內心體會安詳的感覺。

如果我們想培養內在紀律或內在寧靜，首先必須要擁有理解內在修行的智慧。有的人想，要在第一年培養內在的紀律，第二年培養內在的寧靜，第三年培養內在的智慧，他們認為，這三件事是分開來的。因為，他們沒想過，今年培養內在紀律，但如果這心沒有寧靜，怎麼可能培養內在紀律呢？如果沒有理解內在紀律的智慧，內心紀律要如何培養呢？換言之，沒有「內在寧靜」或「內在智慧」，即便「內在紀律」培養出來，亦是粗糙的。

事實上，「內在紀律、寧靜、智慧」這三件事匯集在同一點。當我們擁有內在紀律時，心才會寧靜；當內心寧靜時，自然會擁有正確的內在智慧。它們都是同一個，就好像一顆芒果，不管它是生澀、半生不熟，或是成熟，它還是同一顆芒果，如果我們單純地這樣思考，就可以很容易見到它。

現在，你有機會修行，不論你覺得培養「內在寧靜」是困難或是容易的，完全在於你，而不在於「寧靜」本身。如果它困難，那是因為你正在錯誤修行，因為，在我們的禪修過程中，如果見解正確，其他每件事都會是正確的。

淡樂 看自己

當我們擁有內在紀律時，心才會寧靜；當我們的內心寧靜時，就會擁有正確的智慧。它們都是同一個，就好像一顆芒果，不管它是半生不熟，或是成熟的，它還是同一顆芒果。

只要閱讀自己的心

無論發生什麼，不要讓你的心迷了路。如果不想讓自己的心迷路，必須從自己的內在，來練習看自己。其實，最好的修行，並不需要去讀很多的書，把所有的書拿來鎖在櫃子吧，只要讀自己的心。因為，打從我們入學開始，早已將自己埋在書本堆裡了。現在我們有機會，也有時間來修行，就把這些書本放進一個櫃子裡鎖上，只要閱讀自己的心！

不論何時，在心中生起什麼，不管喜歡與否、不管它看來似對或錯，只要以「這是不一定的事」來截斷它。不論生起什麼，只要用「不一定，不一定」這一把斧頭將它全部砍下，也就是說我們面對任何事，只要認為它們全部都「不一定」就可以了，當你的修行到達這一點時，你便不會感到執著，因為，它們全都是「不一定」的。

你曾注意到嗎？也許你見到一隻手錶，並想著：「喔！這隻手錶真漂亮！」於是，你買下它。但不到幾天，你就對它趕到厭倦了；另外，或許你在網拍的網站上，看到一個Q版公仔，你在心中覺著「這個Q版公仔真可愛！」於是，你不怕麻煩上網去買了一個；不到幾個月，你又對它厭倦了⋯然而，我們的生活，就在「喜歡、買下、厭倦」的循環中，不斷重覆，一直到最後才會恍然發現，沒有任何事物是「一定」的？

如果能夠看到所有這些事物都是「不一定」，那麼，它們的價值就消失了，一切事物都變得不重要了。為什麼我們要緊握這些毫無價值的東西呢？我們保存它們，只不過就像保存一塊舊破布來擦腳一樣，我們當時會衝動買下它們，只是被它們當下給我們的「感受」矇蔽了原本應該擁有的理智。

當我們瞭解感受，便能瞭解這世間是感受，感受是世間。如果我們不被感受愚弄，便不會被世間愚弄。如果不被世間愚弄，便不會被感受愚弄。如果我們能擁有看透這一點的心，就會擁有一個堅定不受外在影響的智慧。

然而，這樣的一顆心，將不會有許多的問題。任何它會有的問題，它都能解決。而當不再有問題時，便不再有疑惑，內在的安詳便會在那裡生起。

這就稱作「修行」，如果我們真實地修行，它就要像這個樣子。

淡樂 看自己

不管你喜歡與否、不管它看來似對或錯，只要以「這是不一定的事」來截斷它。只要用「不一定，不一定」這一把斧頭將它們全部砍下，也就是說我們面對任何事，只要認為它們全部都「不一定」。

讓心產生智慧

當我們聽聞禪修老師的有些教導，並且不能真正理解它們時，就會認為它們不應該是如此，因而不去遵循它們。但是，事實上所有的教導，都有它的道理，我們也許會認為事情似乎不該如此，但它們卻是如此。

有些剛開始禪修的人，甚至不相信坐禪。因為，他們看不出閉著眼睛靜坐在那裡有什麼用？還有行禪，從這棵樹走到那棵樹，轉個身又從那棵樹走回來，為什麼要這樣呢？心想著「就這樣走過去又走回來，有什麼用呢？」但是，事實上行禪和坐禪是非常有用的。

有些人的習性，讓他們比較喜歡行禪，或比較喜歡坐禪，但兩者是缺一不可的。在經典裡談到四種姿勢：行、住、坐和臥。而我們在禪修的過程中，便和這四種姿勢，生活在一起，我們也許會比較喜歡其中的一種姿勢，但是，真正的禪修，還是要用到全部四種。

經典上說：平均使用這四種姿勢，讓所有姿勢的修行平均。剛開始禪修的人，並不明白讓它們平均是什麼意思，心想著，平均的意思也許是說，睡兩個小時，然後，站兩個小時，再來又行兩個小時……，也許就是這樣吧？

但是，這些人試過上述的方式，卻行不通！因為，「讓姿勢平均」並不是這個意思。其實，「讓姿勢平均」是指心和我們的覺知，也就是讓心產生智慧，使心明白。然而，這種智慧必須呈現在行、住、坐、臥的姿勢當中，亦就是必須覺知和瞭解當我們做所有姿勢的心理狀態是無常、苦和無我的，如果懂得用上述方法，「讓姿勢平均」才可行、才有可能。

在心中，不論是「喜歡」或「不喜歡」呈現時，都不可以忘記自己的修行，如果經常將注意力集中在心上，便已經抓到修行的重點。換言之，我們是否經驗到世間所謂善惡的心理狀態，而且不忘卻自己，以及不迷失在善或惡之中，只要一直這樣修行，讓姿勢以這方式持續下去是可能的。

如果我們的修行持續不斷，而得到讚嘆的話，那麼，它只是讚嘆而已；如果得到詆毀，它也只是詆毀罷了！我們不要因為它而讓自己的心有所起伏，要安住在原地。為什麼呢？因為，我們看到這些東西的危險，也看到它們的後果。因此，我們要經常覺知「讚嘆」與「詆毀」這兩者的危險。

淡樂 看自己

「讓姿勢平均」是指心和我們的覺知，也就是讓心產生智慧，使心明白。然而，這種智慧必須呈現在行、住、坐、臥的姿勢當中。

我們「知道」然後「放下」

如果經常覺知自己的情緒，並知道自己正執著於它們，這已經有進步了，也就是我們已經開始有覺知，知道是怎麼一回事，只是還不能放下。我們看到自己執著的好與壞，並且知道它們還不是正確的修行，只是還無法放下，不過這個修行的程度，已經到百分之五十或七十了。

雖然還沒放下，但是我們知道只要肯放下，便是走往安詳的道路。然後，我們像這樣往前走，繼續瞭解著所有喜歡與不喜歡、讚嘆與詆毀的結果，都是同樣有害的，如果以這方式修行，我們的心就能完全不動搖。

對世俗人而言，如果他們受到詆毀或批評，就會煩亂不已；如果受到讚揚，就會振奮不已。假如我們知道種種情緒背後的真相、知道執著「讚揚」和「詆毀」的結果，知道執著任何一切事物的危險，那麼，對自己的情緒就會很小心，因為，我們清楚地知道，執著於它們，真的會產生痛苦。

我們看到了痛苦，並且看到了執著，就是痛苦的原因。我們開始看到以前曾經執著的善惡，並無法獲得真正的快樂，因此，現在或許必須試著尋找讓自己「放下」的方法。

這個「放下的方法」在那裡呢？佛法說：「不要執著任何東西！」我們不斷地聽到「不要執著任何東西！」，而這句話的意思是「取而不著」。

因為，如果完全不取任何東西的話，什麼也不能做？我們不能行禪，也不能做任何事。因此，首先要取，這是「欲求」沒錯，但是接著它會導致功德。就好像想要到禪修老師那裡聽法一樣，首先你必須「想要去」，如果你還不想去，就不會到禪修老師那裡。但是，當「想要」生起了，不要執著於它。因此，你去了，而後你回家。

這又像我們看到一隻手電筒，會想：「這是什麼東西？」之後，撿起它，看完後得知它是手電筒。然後，將它放下，這就叫做「取而不著」，亦就是我們知道，然後放下；我們出門聽法，聽完法，然後回家。

知道「這個好，這個不好」，而後放下它。不要愚痴地執著事物，而且要以智慧來「取」它們。如果以這種「姿勢」來修行，就能持久，就能讓智慧在我們的內在生起。

淡樂 看自己

當「想要」生起了，不要執著於它。就像我們看到一隻手電筒，會想：「這是什麼東西？」之後撿起它，看完後得知它是手電筒。然後，將它放下，這就叫做「取而不著」。

只為了獲得回報就會產生痛苦

坊間很多教我們如何成功的勵志書裡面，通常都會寫道：「努力不一定會成功，想要成功就一定要努力。」但這些勵志書，卻沒有告訴我們，為什麼要努力？為什麼一定要追求成功？

其實，上述問題就是當我們禪修一段時間後，往往會在心中生起的疑惑，因此，會在內心捫心自問，自己在這裡做什麼？為了什麼理由，會出現在這裡禪修？我們為何要努力？真的只是為了想成功地悟道嗎？

其實，在這個世上，人們往往為了獲得想獲得的報酬而努力。但是在禪修過程，佛陀卻教導我們，不管做什麼，都不尋求回報。例如我們工作，不求回報。因為，一般人工作，無非就是想得到這個或那個，想獲得一些利益，但是佛陀教導我們工作，只是為了工作，不要超出這個要求，就不會痛苦。

因為，如果你做任何事，只是為了獲得回報，就會產生痛苦。例如，你希望追求內心安詳，因此，你禪坐並試著使內心安詳，結果你將受苦。

開始修行時，我們內心難免有些欲念，因此，要修行到「修行不求回報」、「修行只是為了放下」。我們必須知道，如果修行只是為了到達讓煩惱痛苦止息的境界，那麼，你的煩惱與痛苦，就永遠不可能止息。

「希望追求安詳」是自然的，但這並不正確。修行必須沒有任何希望追求之心。因為，如果不希望追求任何東西，就能無所得！然而，不論得到什麼，都只是痛苦的根源，因此，或許你可以試著告訴自己，我不是為了獲得任何東西，才來修行的。

因為，以「有所得」之心來修行的人，就像到師父那裡要求師父灑聖水的人。當師父問他們：「為什麼希望灑聖水？」他們答說：「為了活得快樂、舒適而不生病。」但事實剛好相反，以這種方式，將不能免於痛苦。

世俗的方式，是為了得到回報去做事，但是，佛法教導我們必須以「無所得之心」來做事。世間是以因果來瞭解事物，但是佛陀告訴我們要用「超越因果、超越生死、超越苦樂」來了知一切，然而，一般人之所以不知道如何以「無所得之心」去做事，是因為他們一直與「有」、「執取」同住，而且，如果不執取，就不知道要做什麼。

淡樂 看自己

世人工作都是想要得到該得到的一些利益⋯如果我們做事只為了獲得回報，就會產生痛苦。例如，你希望追求內心安詳，因此，你禪坐並試著使內心安詳，結果你將受苦。

不為了任何回報而修行

一般人都不想走到超越生死的境界，因為那裡沒有什麼東西可執取。我們就舉懸崖來說明，懸崖的上面是一個可「站住」的地方，懸崖下面的山谷，是另一個可「站住」的地方。而在懸崖與山谷之間是不能站住的地方。人可以站在懸崖上面或站在山谷的地面，但不能站在空中（不能在空中「站住」，也就是「無住」），換言之「無住」的地方，就是「空」存在的地方，這是一般沒有禪修的人對「空」與「無住」的見解。

因此，一般人聽到這裡，隨即後退一步，不想往前去。因為他們害怕不能看到他們的小孩或親友了。這就是為什麼當我們向別人祝福說：「祝你長壽、美麗、快樂、健康」時，他們真高興，都說：「好哇！」。如果你開始談論「空」，他們就不要它，因為他們執著於「住」。

然而，「空」在佛經裡的真義，並非虛空的空，反而是因為空性才能生出萬法。譬如「色即是空，空即是色」說明物質本身沒有實體性，是互為緣起的不斷相依之變化體，所以稱之為「空」，也就是所有的事物「當體即空」，非敗色之空，而「空」是緣起之體，一切現象的本質。

另外，「無住」並非指無處立著或無立錐之地，無住的本義是「不黏著」。猶如禪宗祖師所言「百花叢裡過，片葉不沾身」，人不可能離開現象界，而是要在現象界裡任運，這是佛陀教法的要義。

佛陀跟弟子說：「好好修行，看到法的人，就看到我，看到我的人，就看到法。」我們可能想佛陀早已不在了，但是，佛陀是法、是真理。有的人喜歡說：「喔，如果我生在佛世，我一定能到達超越生死的境界。」

然而，只有無知的愚人才會這麼說，因為，事實上，佛陀仍在這裡，佛是真理。不管任何人生或死，真理一直在這裡，真理從不與世間隔離，不論佛陀是否出世，人們是否知道它。

簡單地說，例如有個人，經由學習並通過考試，成為一位老師。但當他死了，成為一位老師所需的「學習內容」仍存在著，並不會從世上消失，就像佛陀就是這真理，永遠存在著一樣。

因此，任何人修行，只要能親眼見到真理，就能看到佛。只有不知道佛，仍在那裡的無知之人，才會說：「如果我生在佛世，我將成為他的弟子，並且得到覺悟。」

淡樂 看自己

有的人喜歡說：「喔，如果我生在佛世，我一定能到達超越生死的境界。」然而，只有無知的愚人才會這麼說。因為，事實上，佛陀仍在這裡，佛是真理。不管任何人生或死，真理一直在這裡，真理從不與世間隔離，它一直在這裡。

「審察」就是智慧生起的地方

有句話說：「一把手術刀，可以用來開刀，救人一命，也可以用來當成兇刀，取人性命。」這句話告訴我們任何事物，都沒有什麼絕對或絕錯，就看我們從什麼角度去定義。

然而，心靈內在的「安定」也跟「手術刀」一樣，它能給禪修者帶來益處，但也會帶來壞處，因為，對於一位沒有智慧的人，它是有害的，但是，對一位有智慧的人，它能帶來真正的利益，它可以引導禪修者，真正地進入從心靈「內太空」來練習看自己的「內觀」。

對禪修者最大的傷害是心處於極專注的狀態，也就是深而持續寧靜的

「安定」。這種「安定」會帶來很大的安詳，而凡是有安詳的地方，就會有快樂，一有快樂，對快樂的執著和執取，就會生起。

因此，禪修者會不想審察任何其他的東西，他只想耽溺在那種快樂的感覺。當我們已修行了一段時間，也許就會熟練，並很快進入這種平靜的「安定」，亦就是只要我們開始注意自己的禪修對象，心很快地就進入寧靜，而且，不想讓自己來觀察任何東西，只想讓自己陷於那快樂之中。然而，這對一位練習禪修的人而言，就是一種危險的訊號。

雖然，我們必須讓自己進入寧靜，但是，當心足夠寧靜時，我們必須開始觀察較外層的心理活動，亦就是以一顆寧靜的心，來觀看外層所生起的智慧，這點對一般的禪修者，比較難以理解，它幾乎像一般的思考和想像，因為，每當思考產生的時候，我們會認為心並不寧靜，但是，那個思考，確實是在寧靜中生起的，只是我們還沒有那個「智慧」去了知。

我們在禪修時，必須進入思考狀態，以便審察，唯前提是雖有審察存在著，但它必須不會干擾寧靜。但是，我們用思考來審查，並不是毫無目標的思考或想像；它是從一顆安詳之心，生起的東西，而這叫作「在寧靜中覺知」和「在覺知中寧靜」。

然而，如果它只是一般思考和想像的話，心就不會安詳，它會受到干擾。可是，我們不是在談一般的思考，而是一種從安詳的心，所生起的感覺，在禪修中，它就叫做「審察」，而這個「審察」就是我們「智慧」生起的地方。

淡樂 看自己

只要我們開始注意自己的禪修對象，心就進入寧靜，而且，不想觀察任何東西，只想讓自己陷於那快樂之中，然而，這對一位練習禪修的人而言，就是一種危險的訊號。

快樂不是安詳
安詳也不是快樂

一個人可以坐兩個小時，甚至坐整天，但是心卻不知道它在那裡，或發生了什麼，它除了寧靜外，什麼都不知道，這就像一把磨利的刀，我們卻不使用一般，然而，這是一種無知的寧靜，因為，這裡沒有多少自我覺知存在。

禪修者也許會認為他已經悟道了，因而不再去尋求其他的東西。在這個層次，一昧地追求內在「寧靜」便成為一個敵人，因為，沒有對與錯的覺知，智慧就無法生起。只有正確的內在寧靜，不論達到什麼層次的寧靜，都會有覺知，也就是說，只有能生起覺知，才是能夠引導生起智慧的內在

「寧靜」，也才不會讓自己迷失在其中。

禪修者對這點要好好了解。沒有覺知，就不能前進；從頭到尾都必須要有它，否則，這種內在「寧靜」是有危險的。

你也許會想利益是從何處生起，智慧是如何從內在生起的？當內在的「寧靜」已培養，智慧在任何時候，都有機會生起。在所有禪修「姿勢」中，當「心」住於那些根塵實相的全然覺知中，而不去執取，智慧就此生起。

換句話說，在任何禪修的「所有姿勢」中，我們全然地覺知快樂與不快樂的生起，然後，將這兩者都放下，而不去執著，這才是「正確的修行」。

然而，「所有姿勢」這幾個字，並不僅指身體的姿勢，它們也指「心」，也就是它在一切之中，擁有對實相的正確心念和正確認知。而當內在「寧靜」已正確地培養，智慧就這樣生起，這就是對實相的認知，而這在禪修的領域就叫做「內觀」。

接下來要介紹的是安祥，安詳分為粗的和細的兩種，而從內在「寧靜」

產生的安詳是粗的一種。當我們的「心」安詳時，就會有快樂。於是，心就把這個快樂當做安詳。但是快樂與不快樂都是尚未脫離生死輪迴的，因為，我們仍執著於它們。因此，快樂不是安詳，安詳也不是快樂。

另一種的安詳是從「智慧」而來的。在這裡我們不會將安詳與快樂混淆，我們知道能夠審察，並了解知道快樂與不快樂的心才是安詳，而從智慧中所生起的安詳，並不是快樂；總之，禪修者對這些狀態，必須不起執著，讓「心」超越於它們之上，這才是所有禪修的真正目標。

淡樂 看自己

快樂與不快樂都是尚未脫離生死輪迴的，因為，我們仍執著於它們，因此，快樂不是安詳，安詳也不是快樂。

練習看自己

8

允許負面心態
有個存在空間

從內心「看自己」的練習

從內心練習「看自己」的內觀禪修，其目的是要指導人們如何看透自己，並透過「看自己」的過程，獲得所有事物真實面貌的第一手資料，而不是依賴別人的意見或理論。而其唯一的規範，就是每個人必須付諸實踐，經由持續的注意，發展出內心寂靜以及經由省察來做從內在「看自己」的練習。為了持續的注意，基本的方法就是必須注意於坐著或行走時的練習。

當開始注意於坐著的練習時，首先，必須找一個安靜的房間，且房間內要有足夠空間和照明設備，而且不能擺放太多使人分心的東西，如此一來，才會有明亮清淨的效果，因為，凌亂而昏暗的房間，就會有反效果。

接下來要找一段不會受到干擾的時間，由於，大多數人在平日都有固定的工作。因此，必須騰出一段不會被打擾的時間，例如一早或工作下班後的晚上，讓自己能全心注意練習。因為，當你正有一些事必須做，或者處在有時間的壓力時，禪修就沒有效用。要注意的是，剛開始禪坐時，一次約十五分鐘，在限定的時間內，認真練習，並避免機械性的做法。

另外，內心寂靜的培養，是一種持恆安詳的心靈功課。如果內心不安頓，就沒有安詳。為了培養適當的動靜結合，最有效的姿勢之一就是坐姿，且儘可能採用使背部挺直而沒有壓力的姿勢，可用簡單的直椅或採用蓮花坐姿。

在坐的時候，下巴略為內縮是有幫助的，但是頭不要往前傾，因這會導致昏沈，另外手放在腿上，雙掌向上，一隻輕放於另外一隻之上，指尖輕輕接觸。然後，集中注意力，開始慢慢地往下注意整個身體的感受，並鬆弛任何緊張，特別是在臉、頸和手，而眼睛可閉著或半開。

接著檢查心裡的感覺是有所期待或緊張？略為鬆弛一下注意力。如此，內心將寧靜下來。然後，你可能發現有些念頭生起，例如反省、幻想、記憶、或懷疑自己是否做得正確。但可以試著不要跟隨或滿足於這些念頭，要規律地移動你的注意力，從頭頂往下遍及整個身體，並注意不同感受，譬如，暖熱、麻木、敏感度，以及在每一個指頭關節、手掌的濕氣與手腕的脈動。

即使有的部位沒有特別感受，例如，前臂、耳垂，也要用注意力掃過它們，因為這些缺乏感受的地方，只要你持續「注意」，仍然可以被心覺知到。

淡樂看自己

禪修時間很重要，當你有一些事必須做，或者處在時間壓力時，禪修就沒有用，一開始練習時，一次約十五分鐘。在限定時間內，認真練習，並避免機械性的做法。

不要讓你的心跑掉

專注於呼吸可以不必用「注意」來「掃描身體」，可先做完一段預備練習之後，再用注意於呼吸，來培養專注。

首先，當呼吸通過鼻孔、充滿胸腔及腹部時，跟隨你自然呼吸的感受。然後，試著保持你的注意力在一個點，而這個點不是橫膈膜，就是在鼻孔附近更小的一個位置，由於，呼吸具有鎮靜的性質，如果不強迫呼吸，就會平靜而放鬆，但有些時候，你的心會跑掉，因此，要耐心地將心移回到呼吸上。

另外，並不需要發展專注到除了呼吸以外，沒有其他東西可專注的程度。換言之，其目的只是允許你注意內心的運作，並帶來內心安詳清明，而不是要達到出神的狀態。

然而，整個過程是集中注意力，注意呼吸、注意妄念，而後重新建立「注意」，讓這個過程培養出專注、堅忍和洞察的了解。如果你很浮躁、激動，只要放鬆，安詳地練習，傾聽內心的聲音，但不需要過度相信它，否則，就又會陷入執取的框框。

如果你感到昏沈，那麼，多將注意力，擺在你的身體與姿勢。但試著保持自然，如果在此時，刻意地加強注意或追求平靜，將反而使事情弄得更糟。

「專注於呼吸」這類禪修練習，通常是採用坐姿。但是，常常也以行走來做為這類禪修練習的一種。因為，當坐禪的寧靜效果，使你滯鈍時，行禪除了給你不同的東西去注意，它也是強化練習的一個不錯方法。

開始練習行禪時，首先找一個開闊的地方，丈量約25～30步的距離（或兩棵樹中間的明確路徑）做為禪修的路徑。然後，站在路徑的一端，並由身體的感受，使心平靜，再來就是讓自己站直，上臂自然下垂，雙手輕握於胸前或背後，將注意力置於身體的感受，而眼睛看著前方三公尺處的地面，如此可免於分心。接下來，輕柔地行走，以從容而「正常」的步伐，走到路的終端停下來。然後，在數個呼吸的期間內，站著注意身體後，再轉身走回原點。在行走時，試著去覺知身體感受，或者，將注意力，仔細擺在腳上。

另外，對心的訓練方面，則是可以讓自己試著不斷地將注意力帶到腳觸到地面的感受、每一步步伐的空間，以及停止與開始時的感覺。

淡樂 看自己

「專注於呼吸」這類禪修練習是採用坐姿。但是常常也以行走來做為這類練習的一種。當坐禪的寧靜效果使你滯鈍時，行禪除了給你不同注意，也是強化練習的一個不錯方法。

用「呼吸」當做散佈慈心的工具

有句話說：「每個人的身上，都擁有一種東西，可以讓不可能變成可能，而這種東西就叫做決心。」其實，在行禪的過程，是否有決心是相當重要的，因為，當你一開始決定行禪，心會起一些不確定這樣走過來走過去的行禪，是否有用之類的念頭，因此，必須在下定決心之後，再開始行禪。

在行禪的時候，可以試著用調整步伐方式，來配合當時心態，亦就是當昏沉或糾纏的念頭稍強時，步伐可用力些；當浮躁或不耐煩時，步伐則是要穩定而輕柔。且在路徑的終點停住時，吸入並呼出氣息，來放下任何浮躁、憂慮、平靜、喜樂⋯⋯，讓內心交談自動停止片刻，或減弱之後，再開始行走。

另外，在受限的場地，調整所允許的路徑長度，或者，你可以在室內繞著走，每圈都要站著停留一會，並在停留時，用注意力掃描身體幾分鐘。

由於，行禪的練習可帶來能量與流動，因此，保持步伐穩定，並且用心審察各種變化的現象流過內心，而且，不要期待內心，可以像坐禪時那麼寧靜，若是心被生起的一些妄念所佔據，那麼走到路徑的終端，再重新開始。

因為，一個尚未經過訓練的心，會捲入念頭和情緒之中，這是很自然的，因此，不要沒有耐心，要學習如何放下，並重新開始。如此一來，安適感和寧靜就會生起，且在沒有壓力的情況下，讓內心變得輕鬆舒暢。

接下來要介紹的是如何用躺臥來做禪修，當我們晚上躺在床上休息的時候，可以花幾分鐘來禪修，首先側臥一邊，身體伸直，將一臂折起，用手支持頭部。然後，將注意力掃遍整個身體，以鬆弛壓力。或者，也可以試著將你的注意力放在呼吸上，不要想今天過去的事，也不要期待明天如何，讓自己的心，清靜幾分鐘，如此，你才能獲得充分的休息。

另外，培養慈心是將練習看自己的「內觀練習」推到另一個視野，然而，培養慈心的方法，首先，必須將注意力集中於呼吸，也就是你可以觀想呼吸像光一樣，並輕輕地將你的注意力集中於胸口心臟附近，總之，你可以用呼吸當做工具來散佈慈心與善意，當你吸氣時，將安忍的慈悲導入你自己，當你呼氣時，將這念頭或覺性，由內心經過身心往外散佈，並同時想著：「願我平安」或「祝別人平安」。

淡樂 看自己

培養慈心是將練習看自己的「內觀練習」推到另一個視野，你可以用呼吸當做工具來散佈慈心與善意，當你吸氣時，將安忍的慈悲導入你自己，當你呼氣時，將這念頭或覺性，由內心經過身心往外散佈。

允許負面心態有個存在空間

有人說：「假如我們無法阻止負面情緒在內心生起，何不試著跟自己的負面情緒和平共處呢？」的確，在禪修的過程，當你用禪修來培養慈心時，如果正處於負面心態，也許你可以試著想像自己在吸氣時，吸入安忍與原諒。

其實，觀想氣息具有一種治療的色彩，對自己有很大的幫助。因為，當你呼出時，可以釋放出一切壓力、憂慮、煩惱……等等的負面情緒，並且，經過整個身心往外釋放，就像上一篇所述的方法一樣。

這個練習可用全部或其中一部分的時間來做，你要依照實際狀況決定自己怎麼做才恰當。在禪坐開始時，禪修的寧靜，配合慈心會有相乘的效果，而長時間用這種方式深入內心，也沒問題。

另外，你可以試著從你所覺知的對象開始，不管它們是多麼令人厭煩，都需將你的心平靜地擺在那上面，例如疼痛的膝蓋，或者感覺自己不夠仁慈而有挫折感時，都要允許這些負面感覺的存在，並從容地去面對它們，而且，要認知懶惰、懷疑、罪惡的心理傾向，並且輕輕地放下它們。

如果你懂得全面接受你所不喜歡的東西，內心的安詳就能發展成一種對自己的深度慈悲，因此，在此禪修過程，需穩定地保持注意力，並以開放的心胸，面對任何所經驗到的，但這並不表示認許負面的心態，而只是允許它們有個空間，跟自己的正面心態和平相處。

另外，用同樣的方式，對自己以外的世界生起善意，散佈慈心的一個簡單方式，則是按階段來循序進行。首先可以從自己開始，將慈心配合氣息的運動：「願我安好。」而後，想到那些你所喜愛和尊敬的人：「願他們安好。」一個個進行，接著移到好朋友們，而後是泛泛之交：「願大家都安好」，最後，對那些讓你害怕或不喜歡的人，亦要一視同仁地散佈你的慈心。

這個散佈慈心的禪修可以經由慈悲的波動，而擴大到包含世上各種環境中所有的人們。然而，慈悲來自善意的共同源流，並且擴展自己超越了單純的個人領域，它是心的自然感應。如果我們不再使事情永合己意、如果我們能接受自己和別人的真實模樣，那麼，慈悲就會自然在我們的內心生起。

淡樂 看自己

將你的心平靜地擺在那上面，例如疼痛的膝蓋，或者感覺自己不夠仁慈而有挫折感時，都要允許這些負面感覺的存在，並從容地去面對它們，而且，要認知懶惰、懷疑、罪惡的心理傾向，並且輕輕地放下它們。

你的投入程度決定禪修練習的深度

有人說：「如果你對所有的批評或稱讚，都能夠『無動於衷』，那麼你就可以比較客觀地去面對之前看不到的問題盲點。」其實，禪修也可以進一步沒有禪修的對象，而處在一種純粹審察的狀態，亦就是使心寧靜下來後，將禪修對象放在一旁，觀察它們而不要捲入批評或稱讚，如此才能客觀地注意任何厭惡和著迷的心理，審察任何生起的懷疑、快樂或寂靜的心。

每當內心的清晰感消失時，或被過去的印象籠罩時，就回到注意禪修的對象（例如呼吸），當穩定感又回復時，將這對象（例如呼吸）再放捨。

其實，這種「單純注意」的練習，很適合於審察心理的過程。

另外，關於心的內容，佛法特別指出下三個簡單而基本的特性，亦就是前面篇章曾經提及的「無常」、「苦」與「無我」，以下分別予以簡述。

首先，是「無常」，它清楚地告訴我們，所有事物沒有終止地起滅，心的內容不停變動，心中的成員，不論是愉悅或不愉悅，皆永不停止。

然而，不愉悅的感受容易激起持續而微細的不滿意感，亦就是「苦」的這種感受，因為，當快樂的經驗消失後，會在內心生起拉力。因此，即使在最好的時候，對內心所體驗的，仍有一種沒有終局、不斷生滅的失落感。

當熟悉這些不斷生滅的體驗與情緒後，內心就變得很清楚了：在它們之內，沒有永恆的東西，因此，它們都不是真正屬於你的。而且，當心內的成員安靜下來，便會找不到純粹的個人特性。因為實際上並沒有「我」、沒有「我的」，這是「無我」的特性。

另外，整個禪修練習，其實是為了建立起對事物如實的覺知。全心投入經驗中，讓你更清晰覺察自己內心的狀態，例如，在練習中是否太懶散或過分期待？只要用一點誠實的評估，便可以明顯看出。

有句話說：「你對事情的投入程度，往往決定你對這件事情，事先準備的深度。」總之，禪修練習的品質，不是決定於所用的練習方法，而是決定於你的投入程度，如能以這方式省察，你將對自己的個性與習性得到更深入的洞察與了解。

淡樂看自己

每當內心的清晰感消失時，或被過去的印象籠罩時，就回到注意禪修的對象（例如呼吸）。當穩定感又回復時，將這對象（例如呼吸）再放捨，其實，這種「單純注意」的練習，很適合於審察心理的過程。

己因
自原
讓的
清苦
看痛

有句話說：「曾經成功過的人，最後為何會失敗，主要是他一昧地重覆過去成功的模式，卻從來不想去檢討過去讓自己成功的方法中，是否還有一些需要精進的地方。」

其實，在禪修的過程，亦是如此，也就是說每當你禪修時，可以試著將一些有用的重點記在心裡，想想自己是否每次重新開始注意每一個呼吸或步伐。因為，如果你不以這種心態來練習，你將發現你只會重覆過去的觀點，或者，根本沒有意願從你過去的錯誤中學習。

當你全力以赴於禪修功課的時候，你是否用功正確？你是否一直觸及內心正在實際發生的現象？或者，你是否知道正使用一個遲鈍、機械式的方法，讓自己徘徊在念頭與情緒之中？以及你是否正壓抑感覺而沒有認清它們……等等，其實，都是你省查自己是否專注禪修練習的關鍵因素。

然而，正確地專注，是將心與腦統一起來，以這方式省察，將使你的禪修更上一層，它將使你清晰地了解自己。

然而，經由從內在來練習看自己的禪修練習，你將更清楚看到自己的心態，以及更清楚地知道那些是好的，那些會製造麻煩，你可以試著用一個開放的心態，去洞察那些不愉快的體驗，例如，了知內心對痛苦或疾病的反應方式。當你以這種方式接近這些體驗，不僅可以解除對痛苦的壓力與抗拒，並且，還能大幅度地獲得舒緩。

相反的，用不耐煩的心情來禪修，將會有完全不同的結果，例如，別人干擾你的禪修，你就對他們生氣，如果你的練習不如預期進步，你就失望，以及對沒意義的瑣事生起不快的情緒。

在禪修的寧靜中，觀察自己的意念與心態，能幫助你檢查貪愛與痛苦的關聯，進而幫你看清痛苦產生的原因，無非就是你一味地追求自己所沒有的東西、排斥你所不喜歡的東西，以及不能保有你所要的東西。

而且，當這個痛苦和貪愛的主題是你自身時，就顯得特別有壓迫感，對個人的缺陷，沒有人可以裝做若無其事，尤其是當社會強調好的感覺、領先潮流和擁有最好的東西時，確實更難以使人接受原來那個不堪的自己。

淡樂 看自己

用不耐煩的心情來禪修，將會有完全不同的結果，例如，別人干擾你的禪修，你就對他們生氣，如果你的練習不如預期進步，你就失望，以及對沒意義的瑣事生起不快的情緒。

看見造成自己和別人的苦惱

有位哲人說：「我不是我以為我的我。」這句話意思是說，我們絕對不是自己所以為的那個「自我」，其實，經由從內在練習看自己的「內觀禪修」，讓我們從所期望的、所想要的「自己」後退一步，進而逐漸明顯地看出自己並沒有擁有「我」或「我的東西」，只有心中來來去去的簡單體驗而已。

例如觀察自己易怒、沮喪的習性，由於，你開始懂得不去加強對它們的注意，因而讓這些習性逐漸滅去，即使這些習性，日後會再回來，也會比之前微弱些，而且，你也知道如何去處理。

在日常生活的變動中，能夠走到一個寧靜的覺醒中心，就是一個成熟練習的徵兆，因為，從內在練習看自己的「內觀」，已經深化，而且能運用到開車、散步、喝茶、吃飯、做家事…等等的所有日常事務的經驗中。

我們在內心，提起覺知，將它穩定地擺在所做的事情上，並且在生活或工作中探究內心的性質，進而集中練習於身體的感受、心理狀態，並培養出進一步的審察，而這將使我們的所做所為進一步轉成「練習看自己」的基礎。

然而，愈來愈集中於覺性，內心就更能自在地應對於當下，而這是以禪修將覺性帶入生活，將安詳帶入世界之中的方式，而且，當你能與心識上生起千變萬化的感覺和平相處，你就能如實地與內在的那個自己共同相處。

另外，當我們從內在練習看自己的「內觀」加深後，就能更看清自己行為的結果，例如由於善意與誠實的提升，就會得到安詳；由於愚痴與疏忽的生起，就會惹來麻煩；進而，我們觀察出原來是自己造成自己和別人的苦惱，因此，我們經常激勵自己要更有智慧地生活，且為了內心真正安詳，也許可以試著將形式的禪修，活學活用到日常生活之中，以便照顧自己和別人。

從內在練習看自己的「內觀」之道，其實一點也不神秘。用佛陀的話來說，即是「諸惡莫作，眾善奉行，自淨其意。」許多禪修者都把「正確的行為」擺在重要的地位，以及遵守佛陀所規範的生活紀律，例如，不殺生、不邪淫、不飲酒、不狂語⋯等，以使自己內心清淨，並且鼓勵別人，也需如此。

淡樂 看自己

當我們從內在練習看自己的「內觀」加深後，就能更看清自己行為的結果，例如由於善意、誠實的提升，就會得到安詳；由於愚痴、疏忽的生起，就會惹來麻煩。進而，我們觀察出原來是自己造成自己和別人的苦惱，因此，我們經常激勵自己要更有智慧地生活。

找出適合自己的禪修方法

佛陀所規範的生活紀律，其實就像《西遊記》裡的孫悟空頭上那個讓唐三藏控制他放縱行為的金箍一樣，是對個人身體與語言行為的放縱給予限制，進而讓我們了解對這些放縱行為與其結果負責的，其實是自己的「心」。

所有的禪修的主題與方法都是為了控制心的放縱，因為，不受控制的心，在日常生活中，容易生起放縱的行為。然而，用來守護心的禪修主題與方法，共有四十種，以適合不同根性的人。因此，無論採用那一種，都要適合一個人的個性，因為，每個人的個性不同，如果規定每個人，只能使用一種，反而會成為一些人修行悟道的障礙。

當一個人發現某種禪修主題與方法，適合自己的個性，就要下定決心練習，首先需做「預習覆誦」的練習，例如可以試著以心默念「頭髮」，切勿用口大聲唸，如此一來，才能讓自己將注意力擺在頭髮上。

如果默念無法使心專注，就將「預習覆誦」以唱誦的方式重複，藉著聲音來抓住不平靜的心。而且，不論過程中遇到任何干擾，都要繼續做「預習覆誦」，直到心平靜下來，才可停止，且無論使用何種預習覆誦的方法，都要保持覺知，以前述的頭髮為例，要保持對「頭髮」的覺知。

如果以「佛」、「法」、「僧」之一做「預習覆誦」，就要把對它的理解，單獨擺在心中，而它跟其他禪修主題不同的地方，就是它要覆誦「佛」（或「法」、「僧」），使它一直與心接觸，直到這預習覆誦「佛」的人與能知之心，合而為一；如果一個人的個性適合用「法」或「僧」做「預習覆誦」，同樣使用與前述「佛」的方式來覆誦它，使它與心接觸，並一直維持到與心合而為一。

培養覺知呼吸的方法，是以呼吸為心的對象，重點在於覺知並專注於呼吸。覺知呼吸時，首先要專注在鼻子或上齶處的呼吸感覺，因為，這是呼吸的接觸處，可以用它做為集中注意的標記點。

當上述的方法，練習到熟練時，呼吸會變得愈來愈細，你會漸漸瞭解呼吸的接觸性質，一直到覺得呼吸似乎是位於胸部中心或心窩之後，就不用再去覺知鼻端或上齶，這時，只要將注意力集中於胸部中心或心窩的位置即可。

淡樂 看自己

無論採用那一種禪修主題或方法，都要適合一個人的個性，因為，每個人的個性不同，如果規定每個人只能使用一種，反而會成為一些人修行悟道的障礙。

內心的寧靜是禪修的最終目的

某位哲人曾說：「每個人都具備『一心兩用』的能力，因為，我們隨時都在同時做著『呼吸』與手上正在做的事。」因此，當我們一邊注意呼吸時，當然也可以一邊默念「佛」、「陀」做為「預習覆誦」來監督呼吸的入出息。

當一個人達到最細的呼吸，內心將是明亮、寧靜、快樂，並且知道自己的心，不受任何干擾的影響。即使最後呼吸消失了，也沒有焦慮，因為，內心已放下負擔。因此，我們需藉由上述的「預習覆誦」，以專注來控制放縱的心，進而讓自己能夠駕御心的放縱，內心的寧靜與快樂才能生起、增長。

禪修練習的真正目的，其實是要帶來內心的寧靜，因此，一個人如果無法用「預習覆誦」的方法來寧靜內心，就必須用誘導的方式來馴服它。

換句話說，要用智慧來尋找並檢查出那些事物讓心執著，並用智慧找出一個妥適的方法來鞭策桀驁不馴的心，讓心馴伏於智慧，進而使心接受有關執著事物的殘酷真相，進而讓心不再散亂、不安，直到進入一個寧靜的狀態，這就像一隻放縱的動物，必須經由不斷的調伏，才能順乎主人的意願一樣。

譬如在一個僅有少許樹木的地方，每棵樹單獨地生長，如果一個人要砍倒任何一棵，可依照自己的意思，在想要的方向倒下，並且依照自己的意願，毫無困難地使用它。

然而，如果他要砍叢林的樹木，由於，那裡樹枝與其他樹木，以及枝藤纏繞在一起，非但不易砍倒，也不易在他希望的方向倒下，所以他在砍倒樹木之前，必須運用智慧，小心檢查有那些枝藤纏繞著樹木，然後，細心地逐一砍掉這些枝藤，最後方能讓樹木依照他想要的方向倒下。

其實，我們與上述的樹木有相似的個性。有些人所處的環境，沒有很多的負擔，來讓他們分心，他們只要用預習覆誦的禪修方法，心就能夠寧靜、安詳，進入內在寧靜的境界，並且，由此作為發展他們內觀智慧的基礎。

但是，有些人身處的環境，卻有許多負擔，讓他們承受較大的壓力；他們的個性喜歡東想西想，如果使用預習複誦方法來訓練自己，並不能順利地讓心進入寧靜狀態，因此，必須像前述故事中的伐木工人，小心地以智慧檢查原因，進而用「智慧」來切斷造成他們分心的根本源頭。

淡樂看自己

禪修練習的真正目的，是帶來內心的寧靜，一個人如果無法用預習的方法來寧靜內心，就要用誘導的方式馴服它。換句話說，要用智慧尋找，並檢查出那些事物讓心執著。

練習吞自己

9

消失的呼吸，讓你對死不再恐懼

關心當下正在做的事

當智慧對心所執著的事物經過挑剔、檢視，其所發現的真理，將勝過心所了知的，因而，心將從此進入寧靜的狀態，獲得內心的真正寧靜。然而，有些人必須藉著智慧，才能使心真正寧靜，然後，在透過智慧的運用，讓內在真正的寧靜穩定地發展，就會成為更高層次智慧的基礎。

一個人若想要訓練心，並且想知道什麼東西是煩惱的背後主謀，就不可讓心過度執著於研習佛法，甚至過度到變成煩惱。但是，也不可因此放棄研習佛法，因為，這也有違佛陀的教導。

換句話說，一個人練習禪修時，不要讓心緊緊抓住正在鑽研學習的東西，否則，就會生起過去與未來的念頭，讓內在無法獲得寧靜，因此，這時他應讓心安住於現在，也就是他唯一要關心的就是當下正在做的事。

就名稱與性質而言，內在的「寧靜」，大略可區分成以下三種。第一種係指心能在短期間保持平靜不動，然後，由寧靜狀態恢復平常狀態；第二種則是與第一種類似，但內心保持平靜不動的時間較持久，而後才由寧靜狀態恢復平常狀態。第三種的特點，是這種內在寧靜，微細、堅定、不動，可持續長時間，並且，可以隨心所欲地維持在寧靜的狀態中，或由寧靜狀態恢復平常狀態。

在此，先簡略地討論一下上述的第二種內在寧靜，亦就是在這種「內在寧靜」中，內心進入寧靜狀態後，並不一直保持在這狀態，而是部份的心會退出來，並且知道與心接觸到的不同事情，有時是一些與自己有關的事情。

然而，禪修者通常會在這種寧靜狀態中看到「禪相」（禪定之中所看到的假相），這禪相有時好，有時不好，一般而言，初階段的禪相是與自己有關的事，但如果不小心，會惹來一些麻煩。

因為，這種在寧靜的狀態中生起的禪相，是變化萬千的，例如，有時在自己前面會出現自己死屍的影像、屍體腐爛、腫脹；有時則是別人的屍體；有時是骨架，或殘骸；或是看到一具屍首被抬走。

但是，當出現這種「禪相」時，如果禪修者懂得將它當做很像真相的「假相」，將會讓自己的內在寧靜以及智慧，更堅固、更深入有力。

淡樂 看自己

練習禪修來培養「內在寧靜」時，不要讓心緊緊抓住正研究所學習的東西，否則會生起過去與未來的念頭，而此時應讓心安住於現在，也就是唯一要關心的是，當下正在做的事。

在內在的寧靜中看見可怕的影像

有句話說：「當你用理性去面對之前用感性不敢面對的事情，這件不敢面對的事，便成為獲得成功的助力。」其實，上一篇所述的有些在禪定之中所看到的假相（禪相），對許多天性膽小而易受驚的人，可能有所傷害，因為，這種「禪相」可能會出現許多可怕的影像，例如，出現其體型、顏色、裝扮都很嚇人，且呈現出執刀要砍人或吃人的男人影像……等等。但是，一位禪修者，只要能在內在寧靜的狀態，保持理性態度，便可以從這些會讓自己心生恐懼的「禪相」中獲益，進而在面對它們的情況下，培養出專注與智慧。

而且，如果禪修者能夠勇敢無懼地面對在內在寧靜狀態中，出現的種種可怖禪相，並於禪相中的「影像」一出現，即看出無常、苦、無我這三相，那麼，它們就不會帶來麻煩。

然而，在此要簡述一下前面曾提及的外來禪相，其實，外來禪相，通常與許多不同的人、動物、餓鬼、天神有關，而這與禪修者的「內在寧靜」狀態相互連繫，雖然，我們或許不清楚外來禪相，到底是來自外在或出自自己，但當一個人熟悉了來自自身的「禪相」時，就可以知道何者是外來禪相了。

另外，這些在寧靜狀態中出現的「禪相」，其時間的長短決定於該事件的狀況而定，有時一件事過去了，另一件繼續呈現，並不會馬上結束，且整幕「禪相」的情景有長有短，導致有時候，這些「禪相」消失，心由寧靜狀態恢復平常狀態後，禪修者可能已經處於這個狀態，有幾個小時的時間了。

然而，要知道並不是每個人都會在在寧靜的狀態中，出現這些禪相。

如果不會出現禪相，無論內心進入寧靜與專注的狀態有多久，就是不會出現，這是因為禪修者不斷地用智慧檢查「內在寧靜」的狀態，才能有效地阻止各種禪相的出現。

無論發展何種「內在寧靜」，智慧永遠是重要的。因此，如果「內在寧靜」無法有效開展時，就必須用智慧協助它。另外，當心由寧靜狀態恢復平常狀態時，一般人仍然渴望那種寧靜狀態，即使他已有足夠的寧靜去運用智慧來禪修，但他仍然想停留在「寧靜狀態中」，其對智慧開發絲毫沒有興趣，這就是安於「寧靜狀態」，而這種狀況，並無法讓自己禪修更上一層樓。

淡樂 看自己

如果禪修者能勇敢無懼地面對內在寧靜狀態中，出現的種種可怖禪相，並於禪相中的「影像」一出現，即看出無常、苦、無我這三相，那麼，它們就不會帶來麻煩。

用智慧這個武器摧毀無明煩惱

有句話說：「『煩惱』的最大敵人，就是知道它根本就不存在的『智慧』。」這句話告訴我們，不明因果道理，或對因緣果報產生錯誤認識的「無明」，雖是控制生死輪迴的主宰者，然而，它一旦被智慧這個武器所摧毀，那麼讓煩惱止息的境界，即會展現在這位具備摧毀「無明」智慧的人身上。

因為，從「無明」自心中滅除後，就能完全自由地對與心有關的法則做思考、認識與觀看。而身心各種感官與感受，也在各自領域獲得自由，不再像以往一樣受到心的壓制或強迫。而且，此時的心，已處在無私狀態，對任何事都不會偏袒，因此，也就不再有任何敵人，甚至任何煩惱在心中生起。

然而，在禪修的過程，我們必須時時反省自己，不要把注意力擺在「時間」上，而要永遠擺在與修行相關的專注上，不要使專注一下子有，一下子沒有。每當專注跑走了，就要知道「精進的修行」已暫時失敗了，因為「精進的修行」不是指外表的行、住、坐、臥，而是指內在的「專注」或「智慧」。

如果一個人一直用「專注」來守護並照顧自己的心，不論是想善與想惡的念頭，他都能了解和掌握，這才是「精進修行」的意義，至於行、住、坐、臥，只是必須時時改變的平常姿勢而已。

所謂的「專注」，就是一直注意自己的注意。而「智慧」則是小心的注意，並且檢查從外而來所接觸到的東西，以及自己時時變化而起波動的心，進而使自己一直擁有當下的覺知。

不論我們在那裡，都不可以沒有「專注」，我們必須在往返走動時，在吃飯時，在坐著時，在躺臥時，也就是說除了睡覺之外的任何狀況，都需具備「專注」。總之，當我們做禪修的修行時，如果少了「專注」與「智慧」，那麼，這段修行時間，立刻變成毫無用處。

換句話說，在行禪和坐禪時，如果我們時時擁有當下的「專注」，並且擁有「智慧」來思考和檢查，那麼，我們可以審察任何內在或外在所生起的所有感受，但是，如果沒有專注和智慧伴隨，並保護我們的心，那禪修者所做的與一般人平常的行和坐，就沒有什麼差別了。

淡樂 看自己

從「無明」自心中滅除後，就能完全自由地對與心有關的法則做思考、認識與觀看。而身心各種感官與感受，也在各自領域獲得自由，不再像以往一樣受到心的壓制或強迫。

用「呼吸」讓內心變得寧靜

有人說：「每天得過且過的人，往往在面對任何問題時，都習慣被自己的『舊習慣』綁架。」其實，訓練自心的第一步，首先要選一個「禪修主題」做為控制與照顧這顆心的方法。否則，心會由於舊習而到處亂跑，跑到我們不斷擾動與分心之處，進而產生痛苦與不滿。

在禪修的過程，專注於某些事情時，要讓心中只有覺性。例如，當你將注意集中於呼吸時，要使自己覺知到每次呼吸的進入以及每次呼吸的出去，而且，要一直覺知到禪修結束。

因此，你可以集中呼吸的感覺，集中於對你的覺知最明顯的任何一點，例如鼻端，就是你可以將專注集中的一個點。而且，當你專注於呼吸時，你必須有確定自己正在呼吸的感覺，並且可以配合「佛陀」二字，在吸氣時想著「佛」，呼氣時想著「陀」，然後，將你的注意力，全部擺在呼吸上，不要想著這主題以外的其他事，換句話說，當下的此刻，只專注於呼吸。

如果你懂得以這個方式禪修，當專注逐漸穩定而持續，心就不會跑到有害的習性念頭上，它會變得愈來愈安靜。同時，原先粗的呼吸會逐漸變得愈來愈細，它甚至會細到好像從你的覺知中消失。

因此，在這個時刻，沒有呼吸的感覺，只有覺知保留著，此刻的心，非常寧靜，寧靜到令人驚奇。因為，呼吸消失了，不留任何痕跡，同時，身體好像也消失了，而這裡所說的「消失」，是從感覺上來說，並不是指實際的身體消失到別處去，身體仍在那裡。

但是你的覺知，並不連結到身體，完全只有簡單的純粹覺知，完全只有它自己，這就稱作「一顆寧靜的心」。在這個層次，這顆心自己安住著，並培養出一種奇妙，並且令人驚奇的喜悅感。

然而，當內心變得寧靜，而且從一些活動脫離出來時，就沒有時空感了，因為，此心不再以時空的觀念，對任何東西給予意義。在這境界中，只有單純的覺知保留著，這是從禪修可以得到的喜悅，而上述這些種種的現象，乃是在禪修的過程中，經常會發生的事情。

淡樂 看自己

當專注逐漸穩定而持續，心就不會跑到有害的習性念頭上，它會變得愈來愈安靜。同時，原先粗的呼吸，會逐漸變得愈來愈細，它甚至會細到好像從你的覺知中消失。

有句話說：「『成功』往往會發生在你根本不認為它會發生的時候。」的確，當我們整天將注意力用在自己何時才能成功的事情上，成功只會離我們越來越遠，但如果懂得將注意力集中在自己當下正在做的事，成功就會發生在任何一個想像不到的時刻。

然而，對以覆誦「佛陀」為主題的我們，同樣的情況也會發生，亦就是只要覺知「佛陀」的每一次覆誦，甚至不需配上呼吸，以及不要想成果何時出現，我們想獲得的成果，才有可能出現。

換句話說，在禪修時，不要在內心的想像中畫圖，例如天堂像這個樣子，超越生死境界像那個樣子⋯⋯總之，不要猜測成果，只要簡單地覆誦禪修主題的名號，並且持續地「用功」，便能逐漸一步步得到成果，以及保證在禪修的過程中，不會有可怖或令人喪膽的事情發生。

另外，當禪修時，呼吸消失了，你要告訴自己：「即使呼吸消失了，我的心仍在這裡與身體在一起，因此，我不會死去。」

其實，上述的這點，就足以使你免於害怕死去的恐懼，以及使心深入更細的層面，讓身體與呼吸一起消失，進而使煩惱一點也不能侵犯你的覺性。然而，有的禪修者，可以在這層面停留數小時，但有些禪修者，停留的時間就不會很久，這完全決定於禪修者本身的定力。

在禪修的過程，我們所獲得的成果，是微細的心，而此心只是自身在當下簡單地覺知自己，不涉入其他任何習氣。因為，一旦心不捲入其他任何對象，它就會只與覺知合一，而不與任何對象或名號成雙成對。

如果你真正遵循佛法的原則，你不會走到其他地方，你一定會走到真理的所在，換言之，你所得的「果」，將順著你正確修行的「因」。

而且，當你的心安頓下來，你所得到的快樂，立刻會衝擊著你，而這就是所謂的喜悅！因為，這一刻你內心感到的喜悅，不同於任何你曾體驗過的喜悅，它是一種比世上的任何喜悅，更為奇異、更令人驚奇。

這就是為什麼宗教會一直留存到今日的原因，因為，它的滋味，不是世俗的滋味可以與之相比，否則，它老早就消失的無影無蹤了。

淡樂 看自己

當禪修時呼吸消失了，你要告訴自己：「即使呼吸消失了，我的心仍在這裡與身體在一起，因此，我不會死去。」而這點就足以使你免於害怕死去的恐懼……

斷除「我見」，不再對兩性行為有興趣

某位哲人說：「只有智慧，才能讓所有煩惱與痛苦止息，因為，有智慧的人，知道煩惱與痛苦根本不存在，而是自我製造的，因此，他們不會讓自己做一個自找苦吃的蠢蛋。」然而，接下來的這篇，要講的就是智慧的層面，亦就是如何透過智慧來檢視那些造成煩惱與痛苦的源頭，而這也就是我們從內在練習看自己的「內觀禪修」，必須做的功課。

其實，「禪修」這兩個字包含寂止與內觀，對練習「內觀」的人，它是一個普通術語。但事實上，它是指以智慧檢驗，而從內在練習看到一個清晰、沒有打上「馬賽克」的自己。

真正的「內觀禪修」是指審察與檢驗，亦就是一旦內心變得寧靜而安詳，我們用它來檢驗、分析身心的各種性質，或無常、苦、無我的主題。

當我們用「內觀禪修」這方式，以智慧來檢驗身心感官的各種感受，將看到自己用智慧所培養出的方法，正一步一步切除所有與五蘊相關的煩惱。

根據佛典記載，所有獲得禪修成果的人，已斷除了「我見」，那麼到底什麼是「我見」？以下就簡單地來介紹一下。

「我見」以五蘊的每一蘊為基礎，各配以四相，共有二十相，舉例來說，1、將色身視為我。2、將我視為色身。3、身存在於我之內。4、我存在於身之內，共有四相；同樣的道理，受、想、行及識每一個各別作為四相的基礎，再依上例類推。如此一來，五乘以四，因而得到「我見」的二十相。

然而，完全斷除「我見」二十相的人，不會將五蘊視為「我」、將「我」視為五蘊、認為五蘊存在於「我」、或認為「我」存在於五蘊。換句話說，完全斷除「我見」的人，不再對兩性行為有任何興趣，因為，兩性行為是有關五蘊的其中一件事，而五蘊是必須完全斷除的二十種「我見」的巢穴。

因此，已經完全斷除「我見」的人，他們的色身不再是感官欲望的對象，因而不再有任何意義；他們的感受不再捲入欲望；他們的想蘊（記憶）不再為了欲望給予任何意義；他們的行蘊（念頭與想像）不再為了欲望而製造對象；他們的識蘊也不再為了欲望而認知東西。總之，他們的五蘊不再為欲望或世俗關係運作，而是為了未完成的另一個層次的智慧而努力。

淡樂 看自己

完全斷除「我見」的人，不會將五蘊視為「我」、將「我」視為五蘊、認為五蘊存在於「我」或認為「我」存在於五蘊。完全斷除「我見」的人，不再對兩性行為有任何興趣……

比鑽石還要堅硬的「堅信」

有一個旅人因為口渴，進入叢林找水喝，他遇到充滿清淨清水的池子，雖然，水被浮萍蓋住，不是完全看得見，但他撥開浮萍，看到清澈的水，用手舀水喝了一口，感覺到這水的真正清涼，他喝完水，解除了口渴之後，便離開叢林，繼續趕路，但當他一轉身離開，浮萍又照舊蓋住水面。

然而，這個旅人雖然已離開，他心中對這池水的記憶，卻一直存留著。因此，每次他進入這個叢林，就會走向這個池子，撥開浮萍，舀水來喝。他離開後，即使浮萍再度蓋住，但他心中堅信著這個池子，永遠都會充滿其味鮮涼的清水，而且，這個「堅信」，是永遠不會磨滅的。

有句話說：「只要你的堅信比鑽石還要堅硬，那麼你所堅信的事情，就算不可能，也會變成可能。」其實，上述這個旅人，象徵著一位熱誠的禪修者，他擁有一般人沒擁有的「堅信」智慧，而且用這種「智慧」，檢查身體的不同部位，一直到完全清晰。

並且，在完全清晰的那一刻，「心」放下了所有感官的感受，進入一個純粹平靜，完全與五蘊沒有任何關聯的境界，換言之，「心」和「五蘊」已經完全獨立地存在，因為，它們已經經由長期禪修的努力，而互相切開了。

然而，當「心」和「五蘊」獨立地存在的「那一刻」是奇妙美好、曾未有過的平靜時刻，雖然，當「心」停留於這種平靜的感覺，在安詳一陣子之後，還是會退出，並且，一退出又照舊與五蘊相連，但是禪修者堅定地相信，「心」已到達一個基本平靜的境界，因為，五蘊已完全從「心」切除，禪修者更加堅信在這個境界，所體悟到的平靜，將是從出生到開始修行，所經驗的一切，都不能與之相比的。

由於，這個比鑽石還要堅硬的「堅信」，經由親身經驗的結果，深植於心，不會被未發現或不合理的主張所影響。因此，我們變得熱衷於持續禪修，而且，是以堅強的決心和來自內心的深信力，強烈地投入。

而在此之後，心變得很容易安頓於平靜與安詳，並且，停留像先前一樣久，甚至更久的時間，即使尚未使心完全免於五蘊的打擾，但我們依然持續對更高層次的修行，往前精進，決不打退堂鼓。

淡樂 看自己

當「心」停留於平靜的感覺，在安詳一陣子，還是會退出，且一退出又照舊與五蘊相連，但是禪修者堅定相信，「心」已到達基本平靜的境界，因為，五蘊已完全從「心」切除。

美醜不是心外的東西

依據經典，在禪修中獲得成果的人，已減弱了心中的貪、嗔、癡，以及斷除了「我見」。然而，在禪修中獲得成果的人，主要是因為懂得運用智慧，徹底檢查五蘊，而後超越它們，不再流連執著。換言之，他們能夠審察身體每一部位，直到心中清晰顯現它們是不淨，也就是它們原本就沒有自己想像中的那麼美好。

然後，於心的表層所顯現的身體不淨影像，轉成深入心的內層。他們將知道，美是心往外畫圖，而後自己喜歡身體的每一部位，醜也是心往外畫圖，而後厭惡自己身體的每一部位，而這二者都匯到一顆相同的「心」。

換句話說，「美醜」不再像以前那樣認為是心外的東西，心已完全看清往外畫圖的害處，同時放下所審察身體部位的美與醜。

並且，經由美與醜的交會，從對身體的執著中，全面脫離，不再對美與醜感到興趣。然而，在這一刻，與身體相關的欲望，便被自然地解決了。

另外，所謂的「色貪」，並不是指男女的色身，或外在炫耀層面的物質對象，而是指內心呈現的心理影像。換言之，影像從外返回內心，此時禪修者把這些影像，視為心的習氣或心的注意焦點。

然而，心在這層次，必須培養對這些內在影像的瞭解，以便能夠熟練到，即便面對它們，而完全不牽連到身體，進而維持這些影像一直到它們在快速出現與消失的系列中，還能夠善巧的製造或滅除它們。

而它們的出現與消失只和內心有關，完全不像以前牽連到身體的時候，與外在有所關聯。這些影像的出現與消失，在專注和智慧的冷靜審查下，逐漸產生變化。

日子久了，它們變化得越來越快，一直到這些影像，就像閃電一樣快的出現與消失，最後，在心中不再存留一點影像，同時，你也將體會到這些影像的滅去和其他自然現象滅去的方式一樣。

此後，從這個階段開始，心是絕對的空。即使身體還存在那裡，但在你的覺知看來，則是完全的空，且在心中沒有絲毫的影像存留著。

淡樂 看自己

所謂的「色貪」，並不是指男女的色身，或外在炫耀層面的物質對象，而是指內心呈現的心理影像。換言之，影像從外返回內心，此時禪修者把這些影像，視為心的習氣或心的注意焦點。

「假設」是屬於無明煩惱的一種

有位哲人曾經說過：「當人們對自己沒有信心，或是對所面對的事情，沒有把握的時候，往往會用『如果』來代替『結果』，因為，這些人們認為，面對任何事情，只要在前面加上『如果』兩個字，即便最後是自己搞錯了，至少還有用『如果』所搭的台階可以下。」

然而，站在最高層次的佛法來看，所有這些用「如果」所構成的「假設」，其實都是錯誤的，因為「假設」是一種不想追根究柢的便宜行事，是屬於無明煩惱的一種。

因此，我們要改正這個習性，一直到心中不再有任何微細的波濤留在裡面，讓我們的這顆心回復到最初純淨的狀態。

另外，想跟佛陀一樣悟道的禪修者，以敏銳的專注與智慧去探索生死輪迴的源頭時，在這層面上努力、耐心及專注的修行，但問題是來自他們想快點完成修行，他們的心強烈希望到達解脫境界，其結果就變成在「用功」時，沒有注意到必須中庸與平衡的這個問題，因此，就會讓他們傾向於不讓心住於「內在寧靜」的狀態。

因為，這些禪修者深知越是用智慧來審察，就會越看清一步步拔除煩惱的方法，導致他們太投入於「審察」，因而，忘了將心安住於「寧靜」的狀態，以使智慧重獲力量。

但事實上，他們認為將心住於「寧靜」和處於睡覺，只會延遲自己的修行，因此，才會在審察的壓力和投注下，讓心超過了負荷，然而，這是心跑錯方向的另一個方式，也可以算是一種「無明」的煩惱。

如果將「無明」這名詞，用在一般有情，它可以解釋為「錯誤的知識」、「不坦白的精明」，它是知識與無知二者混合在一起，讓我們不能分清到底那一個是那一個。

然而，上述的「無明」係屬於粗俗層面的無明，至於微細層面的無明，乃是屬於較深層的心理煩惱，而在某種佛教的觀點，這種「無明」是指對這顆心的無知，但是，一旦不斷被訓練來探索真理的專注和智慧足夠勝任時，「心」終將體悟到「無明」，只是心對自己本身的無知而已。

淡樂 看自己

站在最高層次的佛法來看，所有這些用「如果」所構成的「假設」，其實，都是錯誤的，因為「假設」是一種不想追根究柢的便宜行事，是屬於無明煩惱的一種⋯

練習看自己

10

每個人都會死
沒有人逃得過

「無明」就是「無知」

有句話說：「我們的煩惱來自於對事情的無知加上未知，因為，對事情的無知，因此，我們會煩惱一些在別人眼中沒什麼大了的事，由於，對未來的未知，導至自己會莫名地煩惱一些不確定的事情。」

然而，不能真正熟練於修行智慧的禪修者，難以發現脫離無明這種煩惱的方法，因為「一般的無明」和「基本無明」是兩件非常不同的東西，在介紹「一般的無明」和「基本無明」之前，先簡述一下什麼是「無明」？

有一天，佛陀的弟子拘絺羅問舍利弗：「何謂無明？」舍利弗回答說：

「『無明』就是不知道，『無明』是所有不知道的一切心理現象，簡單的說『無明』就是無知。」因此，我們從舍利弗回答拘絺羅的答案，可以了解「無明」就是所有煩惱源頭的「無知」；接下來，簡略地介紹什麼是「一般的無明」和「基本無明」？

「一般的無明」是結合外在與內在二種無知，成為一個煩惱的一種現象，就像結合樹枝不同的部分，成為一顆樹一樣。至於「基本無明」就像一顆樹已被砍倒、剪除樹枝。換言之，經由不斷努力一步步切除，逐漸停止心的亂跑，最後匯集到心的這一點。

其實，真正的「無明」是一個包含所有隱藏、難以預期、令人驚奇東西的「匯集點」，就像一個小餌含有足夠毒素，能毒殺一隻動物。然而，藏在無明之內的「毒素」，簡單地說，就是無明這種「無知」，讓我們自以為擁有一顆出色的心，以及自以為有所成就而感到快樂，因而，對無明這現象，產生一種強烈、無法攻破，猶如真金一樣堅硬的執著。

由於，此刻，我們尚未體認真相，因此，導致這些毒素成為阻擋自己走向真正安詳的障礙。只有當我們超越它們，並回顧走過的路時，才會體認到何處走錯了，何處走對了。而且，一旦無明消失，我們將知道到底是什麼東西，產生未來的生與死。

另外，通過了「無明」這些點以後，我們將在回顧中複習，並清楚地瞭解每一件事，我們將不再掛念，過去自己來自何處，或未來將去那裡，因為，當下這顆心，已完全割斷了任何事物的任何連結。

淡樂看自己

「一般的無明」是結合外在與內在二種無知，成為一個煩惱的一種現象，就像結合樹枝不同部分成為一顆樹一樣。至於基本無明（無明自身）就像一顆樹已被砍倒、剪除樹枝。

天堂與地獄在我們的一念之間

有句話說：「天堂是最接近地獄的所在，地獄是最接近天堂的地方，而決定天堂與地獄的距離有多遠，則是在於我們的心。」

另外，某位哲人也說：「天堂在心中，地獄在心中；一切煩惱與痛苦止息的境界，也是在我們心中。」問題是這個心在那裡？你可曾見過這個心？若不曾見過它，你應該修行直到了解心是什麼東西為止。

一般我們所說的「地獄」，其實是指心理上的痛苦或不快樂，每當心理上的痛苦或不快樂消失時，我們便會在剎那間去到「天堂」，但每當嗔心生起時，我們又會在瞬間回到「地獄」。

因此，我們的心的一念之間，其實，就是最後決定我們到底是要生活在「天堂」？還是要活在「地獄」受苦的最關鍵的關鍵因素。

然而，只要具有佛性的人，都會擁有清、明、靜、淨、亮、敏的心。

我們都知道，水和泥不是同樣的東西。泥使水看來混濁，但水本自明淨。我們的心也是如此，心亮則泥沉，脫底而落，心淨則泥無法再使水染，而心敏如光，能看清萬物。如果能夠領會這點，進而領會佛法，便能逐步走上和佛陀一樣的修行道路。

某位哲人曾說：「所謂的真理，往往藏在我們最不願意面對的殘酷事實裡面。」其實，我們所說的真理，人人有份，它並不特別屬於某一宗教；也不專屬於任何國籍，換言之，不論是佛教、婆羅門教或基督教，不管是台灣、中國、法國、英國、美國、日本或印度、泰國人，任何人只要領悟了它，就可以即刻擁有它。

而且，你無法阻止其他人領悟真理，因為，行者自修自悟，而任何人一旦領悟了，你也無法摧毀它，因為，它不可摧，且它從以前到現在，甚至到未來一直都存在於那裡，等人來領悟它。

因此，促使悉達多太子成為佛陀的法，在他之前就已存在。它就是當下這中性的心。然而，什麼是中性的心？所謂「中性的心」就是一種不是快樂也不是哀傷的心，只要我們具備這種「中性的心」，便可以讓自己的內心到達「寧靜狀態」的目標和讓痛苦煩惱止息的境界。

淡樂 看自己

「地獄」是指心理上的痛苦或不快樂。當它消失時，我們便在天堂裏。但每當嗔心生起時，我們又在瞬間回到地獄。

念頭本身並不是痛苦

某位哲人說：「我們的心，是將原本像喝水一樣簡單的事情，複雜百倍、甚至千倍的加工廠，而原因就出在我們想證明自己在別人心中的價值，因此，才會故意用複雜的方法去解決簡單的問題。」

其實，原本可以毫不費力地工作、談論或思考任何事情。但是，有些人，卻經常把原本容易的變成沒必要地困難，或是把簡單的複雜化，這就是我們一般人，都會有的共同盲點。

例如，通常用一句話就可以解決的事，但我們往往因為顧慮到自尊、顧慮到面子，因此，就會講了一大堆沒有意義的廢話，來解釋原本只需一句話，就可以解決的問題。

然而，我們除了習慣將簡單的事情複雜化，還經常會將原本複雜的事情，想的太簡單，而且，有些時候，並非是我們不知道自己想的太簡單的事，是件複雜的事，而是我們的「自以為是」以及想要「便宜行事」的念頭在作祟。

有人說：「念頭像溪水般地流動，且念頭是最快的，快過閃電或其它。」由於，我們看不清念頭，所以有痛苦，其實，念頭本身並不是痛苦，痛苦的是我們對念頭所生起的負面感受。因此，當念頭生起時，因為，我們不能同時看見、知道和了解它，因而，在內心生起貪、嗔、癡的負面反應，所以才會帶來痛苦。

貪、嗔、癡，事實上不存在，但卻只因我們看不見「念頭的源頭」，它們才順勢生起，因此，必須培養自覺來看見念頭，也就是當念頭生起時，覺知、注意、然後產生了解它的智慧，而上述這個方法，就是所謂的「自覺」。換句話說，只要我們覺知，念頭就無法作怪，但若一不留神，它便導演不停。

另外，必須清楚地覺知身體的每一個動作，例如，在眨眼時要覺知，在呼吸時要覺知，念頭生起時要覺知，而這就是我們所說的「自覺」。

而「自覺」無價，即便用千金也買不到，而且，也沒有人能代替他人修行獲得。例如當我們握緊拳頭時，有誰知道我們的感覺嗎？沒有一個人會知道。

因為，表面上，別人可以看到我們握緊拳頭，卻不知道我們的感覺，同樣地，當別人握緊拳頭時，我們可以看見，卻一樣無法知道他們的感覺。

淡樂 看自己

我們看不清念頭，所以有痛苦。念頭本身並不是痛苦。當念頭生起時，我們不能同時看見、知道和了解它，因而，在內心生起貪、嗔、癡，所以才會帶來痛苦。

不要阻止念頭的生起

曾經有位在奧運拿到金牌的百米短跑選手，在回答記者的問題時，答道：「他能夠拿到金牌，其實，有三個訣竅，第一個訣竅是練習，第二個訣竅是持續、第三個訣竅不怕失敗。」

因此，在禪修的過程，想要達到「自覺」的目標，也沒有什麼訣竅，亦就是同樣要不怕失敗地持續練習，如環鏈或時針繞行，並且，在規律做著「行、住、坐、臥」以及其他各種動作時，你可以試著讓自己時時刻刻覺知每一個動作。

例如，翻覆手掌、提放手臂，要覺知；低頭、抬頭要覺知；左傾、右傾、眨眼、張口、氣息入出，要覺知。另外，當念頭生起時，也要覺知，時時刻刻覺知所有動作，不要靜坐不動，這就是培養自覺的方法。

換言之，覺知身體的每一動作，以及念頭起伏，就是練習自覺的精要。如果我們能夠如實地持續認真修行，不出三年，甚至更短的時間，將能讓痛苦減少，或是不再讓煩惱干擾自己，進而達到止息煩惱痛苦的境界。

我們應該確定練習禪修的目標是自己的覺性（自覺），然後，由基本做起，逐步前進，如果不如此做，練習將毫無進展。對初學者而言，練習手的規律動作要比往返行走好。規律地、緩慢地、柔和地、輕輕地擺動手。當它停止時，要覺知它；當它動時，要覺知它。動作切勿太快，因為，如果手臂動得太快，由於，我們的覺知力還不夠強，便無法趕上身體的動作。

要持續地練習，別怕累。因為如果以為累了，就稍作休息，那麼持續練習的環鏈就斷了。然而，一旦你領悟了手為何要這樣擺動，就可以從練習手的規律動作進階到往返行走，但前提是，你一定得真正領悟它。

另外，當念頭生起時，不要阻止它們，任其流動，因為，你如果壓抑它們，可能會導致暈眩、窒悶。因此，要放鬆，別擔心你這樣做是否會覺知？

唯有時候，喜悅或許會生起，而把我們由「身心」的覺知帶走。一旦我們不覺知「身心」，心便漸漸地變遲鈍。因此，我們必須一再地反覆溫習，包括了身、心、身動、心動等等。

當我們復習這些「身心目標」時，會有念頭生起，一樣由它們去，只要我們覺知，心便會安住在「身心目標」上，反覆觀照，直到它們深植於心。

淡樂 看自己

當念頭生起時，不要阻止它們，任其流動，因為，你如果壓抑它們，可能會導致暈眩、窒悶。因此，要提醒自己放鬆，別擔心你這樣做是否會覺知？

「覺知」是一切煩惱止息的起點

某位哲人說：「念頭是所有事情的開頭，要好好處理，可別讓它成為所有麻煩的源頭。」當念頭生起時，有時我們會受其牽引，導致行走或規律動作的速度加快。此時，應該要覺知，並放慢速度，不管需要多少時間，都必須在完全領悟所注意的目標之後，繼續觀察念頭。

而且，你可以試著不要壓抑自己的念頭，輕鬆地觀察念頭，因為念頭生起時，不管是快樂或悲傷，只要察知身體的動作，念頭便會立刻停止。

通常，念頭生起時，心便被帶著跑，如小貓捕大老鼠似地。大老鼠（念頭）比小貓（覺性）強。當大老鼠出現時，小貓本能地便會捉牠。大老鼠因為害怕而逃跑，即使小貓緊捉不放，過一會，當小貓累了，就把大老鼠放了。

同樣地，念頭將不停地生起，也將自動地停止。當我們一再地訓練自覺，就好像不停地飼養小貓直到牠長大強壯一樣，「強壯」到當念頭生起時，心不會被拖走，念頭就會自然立刻停止。

然而，念頭如果來得兇猛，我們必須緊握拳頭或作任何有效的姿勢。如果它夠強，念頭會即刻停止。如果能像這樣繼續不斷地練習，只要念頭一起，你便能立刻覺知。這就像如果有兩個人和一張椅子，強健、快速的人會坐到椅子。因此，當我們一再地訓練培養自覺，「自覺」將取代「不覺」。

另外，我們可以任由念頭生起，因為，念頭生得越頻繁，我們也越覺知。當「自覺」越來越強時，便能趕上念頭。假定有一百個念頭生起，我們只覺知十念而不覺其他九十，接著是能覺知二十而不覺八十。繼續練習到能知八十而不覺二十，接著知道九十、九十五。當在一百念中能知九十五時，應該要更加地用功練習，千萬不要以為已經覺知九十五，就因而懈怠。

總之，當念頭生起時，我們要立刻覺知，一而再，再而三。心就會在這一點逐漸轉變，而這就是一切煩惱與痛苦止息的起點。因為，從前，心在黑暗中，但當它能快過念頭時，心將會變光明。

然而，心的這個光明，並不是我們肉眼可見的外界之光。因為，心本身就是自在光明的，而從心靈「內太空」練習看自己的「內觀智慧」也就是從此生起。

淡樂 看自己

念頭如果來得兇猛，我們必須緊握拳頭或作任何有效的姿勢。如果它夠強，念頭會即刻停止，如果能像這樣繼續不斷地練習，只要念頭一起，你便能立刻覺知。

「放下」念頭，而不是「進入」念頭

有句話說：「真正的智慧，都不是老師或書本可以教我們的。」因此，在禪修的過程，我們應繼續以任何自己喜歡的速度，練習手部的規律動作或來回行走，繼續用功，讓智慧本身穿透從內在練習看自己的「內觀目標」，不再需要求教於老師或經典。

然而，當我們看見、知道、明白這些「內觀目標」時，念頭便會生起得更快。一旦悟出這個道理，你便能了解、知道、看見它的「改變」，以及發現它是絕對地輕鬆，就像是毫無重量，而這就是「內觀」的最終目標。

在一般人心中，會有兩種念頭生起，第一種是剎那生滅的妄念，帶來了貪、嗔、癡。第二種是自己作主的念頭，它不會引發貪、嗔、癡，因為，它是帶著專注去思考的。

我們通常會怕妄念，使自己不能獲得內在寧靜，那是種誤解。因為，妄念是好事，念頭動得越多，覺知愈強，只要懂得繼續用功訓練自覺，不要專注於妄念即可。每當念頭生起，你可以試著不要壓抑它們，而是以覺知身體的動作來離開念頭。

然而，觀察念頭，通常是大多數人忽略的首要事情。因為，只要念頭一起，我們便開始批判或評論它，而這表示我們「進入」念頭裡，而非「放下」念頭，是「知道念頭」，而不是「看念頭」。

因為，如果一直觀察念頭，而沒有任何身體的動作，當念頭生起時我們就會很容易「進入」念頭裡。因此，覺知身體的動作是必要的。如此一來，當念頭生起時，自己方能「看見」、才能「知道」。

另外，當我們看見鬼、神、佛像、水晶珠，甚至佛陀，都不是真見。那只不過是自己內心遊盪所引起的，我們沒有看清念頭，所以內心自己導演著，而心之所以當起「導演」，是因為我們看不見「念頭的源頭」。

而所有不經觀察而起的念頭，會想像出鬼、顏色、光、神、地獄或天堂。但不論它是什麼，只要如實地觀察，便會發現那些都是幻像與心的花招。

總之，我們所見的都是虛妄，能如實看見才是真實。當念頭生起時，立即覺知，這才是真正的禪修練習，因唯有見到實相，方能使心從痛苦中解脫。

淡樂 看自己

每當念頭生起，不要壓抑它們，而要以覺知身體的動作來離開念頭。如此一來「自覺」將取代「不覺」。然而，觀察念頭，通常是大多數人所忽略的首要事情。

每個人都會死
沒有人逃得過

某位哲人說：「我們每天費盡心思所追求的真理，不在天涯，也不在海角，而是在每一個人的心裡。」因此，如果我們已經證悟了佛法的真義，就會恍然發現修習佛法，其實並不困難，人人都能做，不需研究經藏，因為真理存在於每個人心中。每個人都可以覺知自己的身心動作，即使沒有覺知自己，身體還是照動，念頭還是生起，只是我們不覺而已。

培養自覺時，應讓身心每一部份自然地運作，不要勉強或違背它們的性質。例如眼看、耳聽、鼻嗅、身體的動作，一定得依照它們的功能自然地運作，別做任何違反身心自然功能的事，只要訓練自覺，使其與身心運作同步。

從心靈「內太空」練習看自己的「內觀禪修」可以獲得兩種寧靜，第一種是寧靜而沒有覺知，好像是鑽石一樣，這又叫做「無明的寧靜」。第二種是帶著覺知的寧靜，它也許不該叫寧靜，而應稱為「自覺」。這種寧靜是一種沒有貪、嗔、癡的寧靜，沒有無明的寧靜，沒有不覺的寧靜；然而，一個已經悟道的禪修者，會體認到帶著覺知的寧靜，意謂著自己不需其他東西、不必再尋求師父、求法或找道場。

另外，透過規律的身體動作以及自覺的培養，會帶來智慧，這種智慧不是由知識生起，而是來自自然法則，我們稱之為從內在看自己的「內觀智慧」。

而智慧現前是什麼意思?它指智慧是從一套「內觀法則」領悟而生，它並不是由經藏中去學習這些法則。這套內觀法則，指著就是法則本身中的成就，正如鑽石藏於泥中，將泥沙篩漏後留下鑽石。

每個人都應記得，如果不能領悟「內觀法則」的真理，在臨死時，大約最後一口氣前的一至二秒到五分鐘間，將會經驗「此」，然後呼吸停止。「此」即是「內觀」的真理，最終的真理。然而，每個人都會死，也都會經歷「此」，如果不悟「此」，我們將白白地到這世間走這一遭。

但是，當我們見到「此」、「此生已盡的狀態」，將會了解死亡時的狀態，將知道每個人都需走到人生盡頭，每個人都需走到痛苦熄滅的這點，沒有人逃得過。而這就是我們在禪修中，從內在練習看自己，所追求的不變真理，不管悟不悟，它都是如此。

淡樂 看自己

智慧現前是什麼意思？它指智慧是從一套內觀法則領悟而生，它並不是由經藏中去學習這些法則。而這套內觀法則，指著就是法則本身中的成就，正如鑽石藏於泥中，將泥沙篩漏後留下鑽石。

國家圖書館出版品預行編目（CIP）資料

重開機：關掉情緒開關，找回無所求的心 /
王國華著. --初版. --新北市 : 大喜文化, 2016.08
面；　公分. --（淡活智在；9）
ISBN 978-986-92703-6-6（平裝）
1. 修身 2. 生活指導

192.1　　　105013662

淡活智在 009

重開機：關掉情緒開關，找回無所求的心

編　　著：王國華
特約編輯：王國華
出版製作：洗歡書房
出 版 者：大喜文化有限公司
發 行 人：梁崇明
發 行 處：新北市中和區板南路 498 號 7 樓之 2
P.O.BOX ：中和郵政第 2-193 號信箱
電　　話：(02)2223-1391
傳　　真：(02)2223-1077
E-mail：joy131499@gmail.com
銀行匯款：銀行代號：050，帳號：002-12034827
　　　　　臺灣企銀，帳戶：大喜文化有限公司
劃撥帳號：5023-2915，帳戶：大喜文化有限公司
總經銷商：聯合發行股份有限公司
地　　址：新北市新店區寶橋路 235 巷 6 弄 6 號 2F
電　　話：(02)2917-8022
傳　　真：(02)2915-6275
初　　版：2016年8月

流 通 費：280 元
網址：www.facebook.com/joy131499